# COMMENTAIRE

DES

## LOIS DE 1790 ET 1791

EN VERTU DESQUELLES L'AUTORITÉ ADMINISTRATIVE S'ATTRIBUE UN POUVOIR
DISCRÉTIONNAIRE SUR LES COURS D'EAU NON NAVIGABLES

OU

### CONSIDÉRATIONS

EN FAVEUR DU RIVERAIN A QUI CETTE AUTORITÉ VOUDRAIT IMPOSER UN RÈGLE-
MENT CONTRAIRE A SON ANCIEN MODE DE JOUISSANCE DES EAUX,

TIRÉ DE L'OUVRAGE INTITULÉ

### DE LA CONDITION DES EAUX COURANTES,

DEPUIS L'ABOLITION DU RÉGIME FÉODAL,

PAR HENRI DE LAGÉNARDIÈRE.

DIJON
IMPRIMERIE ET LITHOGRAPHIE EUGÈNE JOBARD.
1860

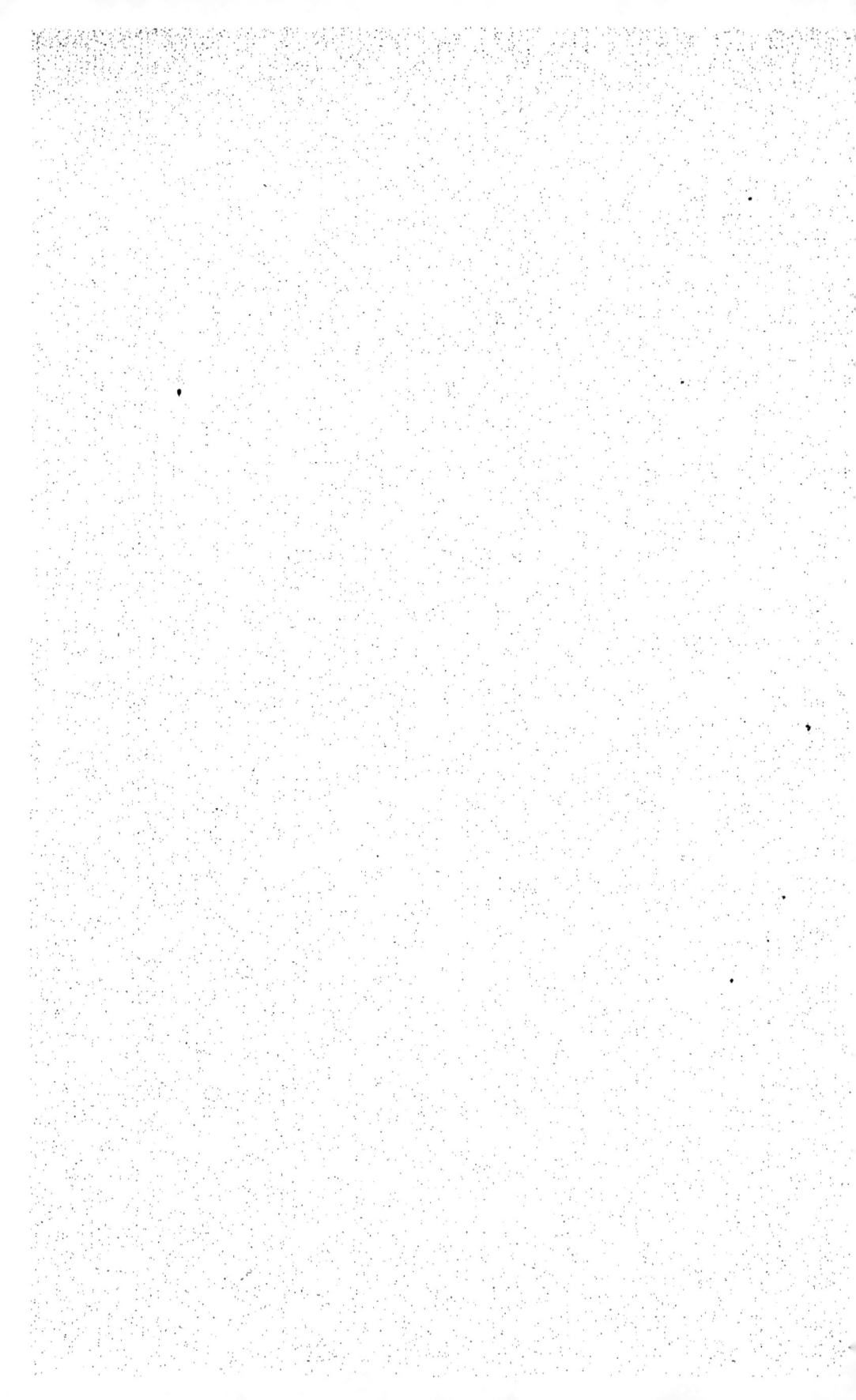

# COMMENTAIRE

### DES

## LOIS DE 1790 ET 1791

EN VERTU DESQUELLES L'AUTORITÉ ADMINISTRATIVE S'ATTRIBUE UN POUVOIR
DISCRÉTIONNAIRE SUR LES COURS D'EAU NON NAVIGABLES

OU

### CONSIDÉRATIONS

EN FAVEUR DU RIVERAIN A QUI CETTE AUTORITÉ VOUDRAIT IMPOSER UN RÈGLE-
MENT CONTRAIRE A SON ANCIEN MODE DE JOUISSANCE DES EAUX,

TIRÉ DE L'OUVRAGE INTITULÉ

DE LA CONDITION DES EAUX COURANTES,
DEPUIS L'ABOLITION DU RÉGIME FÉODAL,

PAR HENRI DE LAGÉNARDIÈRE.

❧❧❧

### DIJON

IMPRIMERIE ET LITHOGRAPHIE EUGÈNE JOBARD.

1860
1859

©.

# AVERTISSEMENT.

Comme un traité sur la législation des eaux n'est pas à la portée de tout le monde, on a pensé faire une chose utile et agréable aux riverains des cours d'eau non navigables, en tirant de l'ouvrage intitulé : *De la condition des eaux depuis l'abolition du régime féodal*, le commentaire des lois du 20 août 1790 et 6 octobre 1791, sur lesquelles l'administration fonde la raison de son pouvoir discrétionnaire ou de libre disposition des eaux.

Le commentaire de ces lois démontrant jusqu'à l'évidence que la mission confiée à l'autorité administrative n'est qu'une simple mission de conseil et de conciliation, les riverains auront plus de facilité à reconnaître et à faire respecter les droits de propriété qu'ils tiennent du Code Napoléon, qui charge exclusivement (art. 645) les tribunaux du règlement des eaux courantes non navigables.

On a pensé qu'il ne serait pas non plus sans intérêt de faire précéder le commentaire de ces lois de l'adresse à l'Empereur, qui se trouve en tête de l'ouvrage précité et qui est un résumé succinct de notre législation des eaux et de l'opinion de Napoléon I<sup>er</sup>, sur cet important sujet.

Or, on trouvera précisément, à la page X de cette adresse, la rectification d'une erreur grave de la commission du projet de code rural qui, supposant l'administration nantie d'un pouvoir discrétionnaire sur les eaux non navigables, a pensé, fort mal à propos, que les règlements particuliers et locaux que l'article 645 du Code oblige les tribunaux à respecter, n'étaient autre chose que les règlements que l'administration se croit autorisée à faire, en vertu des lois de 1790 et 1791.

Maintenant, il faut espérer que la Commission du projet de code rural verra que, pour conserver à l'autorité administrative le pouvoir discrétionnaire qu'elle s'est attribué sur les eaux courantes non domaniales, elle serait obligée de se mettre en opposition, non-seulement avec les lois de 1790 et 1791, mais encore avec tous les articles du Code Napoléon, qui concernent ces eaux et qu'alors, s'inspirant de la pensée de nos premiers législateurs, elle maintiendra le droit de propriété des riverains comme seul compatible avec les principes inaugurés en 1789.

# ADRESSE A L'EMPEREUR

Qui se trouve en tête de l'ouvrage intitulé

## DE LA CONDITION DES EAUX COURANTES,

### DEPUIS L'ABOLITION DU RÉGIME FÉODAL,

# A SA MAJESTÉ NAPOLÉON III.

Sire,

Ce livre est l'expression d'une opinion émise par Napoléon Iᵉʳ sur une des plus graves questions de notre droit civil : la question de propriété des cours d'eau non navigables ni flottables.

C'est à ce titre que j'ose dédier à Votre Majesté ces recherches, fruit d'un long travail, espérant qu'elles ne seront pas sans intérêt à une époque où un nouveau projet de code rural tend à fixer définitivement la jurisprudence sur l'usage des eaux.

Ce ne sera certainement pas, Sire, une des moindres préoccupations de Votre Majesté de faire restituer au Code Napoléon, ainsi qu'aux lois de 1790 et 1791 sur la police des eaux, leur véritable sens, et de faire appliquer sur le droit de propriété des riverains, ainsi que sur le caractère de l'intervention administrative dans les questions hydrauliques, les grands et sages principes que renferment ces lois, principes que Napoléon Iᵉʳ a toujours énergiquement défendus dans ces importantes discussions du Conseil d'Etat, où tout le monde s'inclinait devant la profondeur et la sagesse de ses vues, autant que devant la majesté du souverain.

Napoléon ne paraît pas avoir pris part à la rédaction des articles du Code qui ont trait à l'usage des eaux, mais plus tard la discussion de la loi sur les mines lui donna l'occasion d'émettre, sur le danger qu'il y a de laisser aux règlements d'administration publique le soin d'organiser le mode de jouissance de ces sortes de propriétés, une bien sage opinion que son successeur aura à cœur de faire prévaloir.

On lit ainsi dans le compte-rendu de cette discussion (voir Locré, t. IX, p, 161):

« NAPOLÉON DIT QU'UNE MINE EST DE LA MÊME NATURE QU'UNE CAR-
» RIÈRE DE PIERRES ET UN COURS D'EAU, LESQUELS APPARTIENNENT
» A CELUI DANS LE SOL DUQUEL ILS SE TROUVENT. »

On lit encore, p. 181 :

« NAPOLÉON DIT QUE, LA CONCESSION D'UNE MINE CONSTITUANT UNE
» PROPRIÉTÉ, IL FAUT QUE LE CONCESSIONNAIRE NE PUISSE ÊTRE DÉPOS-
» SÉDÉ QUE PAR LES TRIBUNAUX ET NON PAR UN SIMPLE ARRÊTÉ DU
» MINISTRE, QUI POURRAIT ÊTRE SURPRIS.
» LE SEQUESTRE DOIT ÊTRE JUDICIAIRE SI CELA EST POSSIBLE, LES
» TRIBUNAUX ONT DES FORMES QUI SONT LA GARANTIE DE LA PROPRIÉTÉ,
» PARCE QU'ELLES PRÉVIENNENT LES SURPRISES ET L'ARBITRAIRE.

« M. l'archichancelier dit que l'action de l'administration ne doit commencer qu'après que les tribunaux ont jugé le fait.

» M. le comte Regnault de Saint-Jean-d'Angély
» dit que le séquestre judiciaire serait trop long et
» trop dur.

» NAPOLÉON DEMANDE D'APRÈS QUELLES PREUVES L'ADMINISTRATION
« PRONONCERA.

» M. le ministre de l'intérieur dit que ce sera
» d'après les procès-verbaux.

» NAPOLÉON DIT QU'UN MINISTRE OU MÊME UN PRÉFET ADOPTERA SANS
» EXAMEN LES PROCÈS-VERBAUX D'UN INGÉNIEUR PASSIONNÉ OU HAINEUX.

» M. le comte Defermon dit que le séquestre
» administratif aurait l'inconvénient de mettre la
» propriété toute entière dans la main de l'adminis-
» tration, mais qu'il faut que sur les procès-verbaux
» qui constatent la cessation, l'administration puisse
» pourvoir à ce que l'exploitation soit continuée.

» NAPOLÉON PENSE QUE MÊME SOUS CE RAPPORT IL N'Y A PAS DE
» MOTIF POUR DISTINGUER LES MINES DES AUTRES PROPRIÉTÉS.

» M. le comte Regnault dit que du moins il con-
» vient d'obliger les tribunaux à prononcer dans les
» formes sommaires et d'employer des ingénieurs
» pour experts s'ils croient devoir ordonner une
» expertise. »

» NAPOLÉON PARTAGE CETTE OPINION.

Toute cette discussion peut donc se résumer dans
l'opinion que l'archi-chancelier Cambacérès exprimait
ainsi, p. 206 : « il y a beaucoup d'inconvénients
» à admettre en principe qu'il est des propriétés qui

» n'existent que par un acte du Gouvernement. Le
» Gouvernement défend les propriétés mais ne leur
» donne pas l'existence. »

En disant cela, Cambacérès reconnaissait un des
principes fondamentaux de notre droit civil que
Napoléon entendait faire respecter et qu'il appliquait
aussi bien aux cours d'eau qu'aux mines, car suivant son opinion un cours d'eau non navigable est
de même nature qu'une carrière de pierres et appartient à celui sur le sol duquel il coule.

Mais, du moment où un cours d'eau est une propriété, on ne saurait la régir par voie de règlement
d'administration publique, parce qu'il serait à
craindre, comme le dit l'Empereur, qu'un ministre
ou un préfet adoptât sans examen les procès-verbaux
d'un ingénieur passionné ou haineux.

On a beau dire qu'un ingénieur est désintéressé
dans la question. Nous ne connaissons pas de plus
mauvais conseiller que l'amour-propre; et d'ailleurs
on sait qu'en défendant son œuvre, quand elle est
mauvaise, l'ingénieur défend encore, et alors au
préjudice des intérêts qui lui sont confiés, la considération de l'administration.

Ce que le comte Defermon dit du séquestre administratif à l'égard des mines, nous le disons du
règlement d'administration publique à l'égard des
eaux, quand il n'a pour but que d'en régler l'em-

ploi : à savoir qu'il a l'inconvénient de mettre la propriété toute entière dans les mains de l'administration.

Les tribunaux, dans l'opinion de l'Empereur, ont des formes qui sont la garantie de la propriété parce qu'elles préviennent les surprises et l'arbitraire.

Enfin cet homme de génie accepte l'idée que, pour éviter les lenteurs (et certes on sait que ce n'est pas le moindre défaut des règlements d'administration publique), l'autorité judiciaire doit prononcer, dans les formes sommaires, sur les rapports des ingénieurs de l'administration.

Ce livre a donc pour but de démontrer que, conformément à ces idées, notre législation consacre le droit de propriété des riverains et la compétence exclusive des tribunaux civils pour le règlement des cours d'eau non navigables, que par conséquent c'est à tort que l'autorité administrative s'attribue le droit de régir ces cours d'eau par voie de règlement d'administration publique; or comme cette prétention, acceptée par la commission du nouveau projet de code rural, est sur le point de se couvrir du manteau de la loi, il n'est pas sans intérêt, en en démontrant les graves inconvénients, de faire comprendre que cette commission est dans l'erreur quand elle dit, par l'or-

gane de son rapporteur, que l'administration tient
ses pouvoirs :

1° de la loi du 22 décembre 1789;
2° de la loi du 20 août 1790;
3° de la loi du 6 octobre 1791, art. 16;
4° de la loi du 14 floréal an XI;
5° du Code Napoléon, art. 645;
6° de la loi du 16 septembre 1807;

Un examen sommaire et rapide de ces lois suffira
déjà pour démontrer qu'elles n'ont pas la signification qu'on leur attribue.

1° LOI DU 22 DÉCEMBRE 1789. — Cette loi,
dit M. le rapporteur de la commission, charge les
administrations de département « de veiller à la
» conservation des rivières sans distinguer si elles
» sont navigables et flottables ou non. »

On verra plus loin dans le commentaire que nous
donnons de cette loi, qu'elle ne concerne que les
rivières du domaine public, et que c'est par ce
motif qu'elle n'a jamais été visée en tête ou à l'appui d'aucune mesure prise par l'administration sur
les rivières non navigables.

2° LOI DU 20 AOUT 1790. — L'administration
ne saurait faire des règlements en vertu de cette
loi qui, par une disposition spéciale, lui en interdit
formellement la faculté : « Les administrations, est-

» il dit dans le chap. I<sup>er</sup>, ne peuvent faire ni décrets
» ni ordonnances, *ni règlements.* »

On ne doit donc pas s'étonner alors si, au lieu
de donner à l'administration le pouvoir de diriger
les eaux comme elle l'entend, l'Assemblée constituante la charge seulement de donner des indications à cet égard : « Elles, (les administrations),
» dit la loi, doivent aussi *rechercher* et *indiquer*
» les moyens de diriger les eaux..., etc.

Mais à qui les administrations doivent-elles indiquer la meilleure direction à donner aux eaux non
navigables? Est-ce au Gouvernement, pour qu'il
puisse en disposer par voie de concession? Non évidemment, puisque l'article 4 du titre premier du
Code rural de 1791, permet aux riverains d'en
user en vertu du droit commun.

Aussi M. Troplong disait-il avec raison (de la Prescription, t. I, p. 252), « aucune loi ne donne à
» l'administration le droit d'autoriser la création
» des usines sur les cours d'eau non navigables ni
» flottables, et l'usage contraire qui s'est établi n'est
» qu'un abus, un débris de l'esprit envahisseur de
» l'administration. »

Mais on verra dans le commentaire de la loi du
20 août 1790, que les riverains affranchis de la
tutelle des seigneurs avaient besoin de conseils,
et que c'est à ce titre seulement que l'administration

peut intervenir dans les questions hydrauliques en vertu de cette loi.

LOI DU 6 OCTOBRE 1791, ART. 16. — Une chose qui ne doit pas peu surprendre les personnes qui font une étude sérieuse de notre législation, c'est que la loi qui restreint le plus le pouvoir de l'administration et asseoit le droit de propriété des riverains sur des bases tellement larges qu'elle porte même atteinte aux droits les plus incontestables de l'Etat, soit précisément la loi sur laquelle l'autorité administrative s'appuie avec le plus de confiance pour disposer discrétionnairement des eaux.

L'administration peut-elle donc oublier l'art. 4 du titre Iᵉʳ de cette même loi ainsi conçu : « Nul ne » peut se prétendre propriétaire exclusif des eaux » d'un fleuve ou d'une rivière navigable ou flot- » table ; en conséquence, tout propriétaire riverain » peut, *en vertu du droit commun*, y faire des prises » d'eau, sans néanmoins en détourner ou embar- » rasser le cours d'une manière nuisible au bien » général et à la navigation établie. »

Or comment supposer que la même loi qui reconnait, en vertu du droit commun, aux riverains des fleuves et rivières navigables des droits ou facultés limités seulement par les besoins de la navigation, ait voulu soustraire à ces mêmes règles du droit

commun les cours d'eau sur lesquels aucun service
public n'est établi.

Mais de toutes les raisons capables de ramener
l'autorité administrative à l'observation des principes de notre législation, il n'en est pas de plus
puissante que l'obligation pour elle de se conformer
aux prescriptions de l'arrêté du Directoire du 19 ventôse an **VI**, qui est le meilleur commentaire que
nous ayons des lois de 1789, 1790 et 1791, et
qui après avoir chargé les administrations de veiller
avec la plus sévère exactitude à ce qu'il ne soit fait,
conformément à l'esprit de ces lois, aucune entreprise, établi aucun ouvrage d'art sur les rivières du
domaine public sans une permission de l'autorité
centrale, renvoie les riverains des cours d'eau non
navigables se pourvoir à cet effet *en justice réglée*,
c'est-à-dire devant les tribunaux civils, (Voir plus
loin le commentaire de cet arrêté.)

Loi du 14 floréal an XI. — Cette loi est ainsi
conçue : « Il y sera pourvu (au curage) par le
» Gouvernement, dans un règlement d'administra-
» tion publique rendu sur la proposition du préfet. »

Le préfet, comme on le voit, ne pouvait anciennement que proposer les mesures qui ont trait à un
règlement d'administration publique; mais d'où
vient que le curage des rivières non navigables peut
être fait par voie administrative? c'est qu'il n'est

qu'une simple mesure de conservation où les ingénieurs n'ont à examiner ni titres ni conventions, et
où leur rôle est tout tracé : à savoir qu'ils ne doivent
pas dépasser les limites du vif fond et des vieux bords
de la rivière.

Toute mesure qui ne se bornerait pas au curage,
qui consisterait, par exemple, à élargir aux dépens
des propriétés riveraines le lit d'une rivière, ne
pourrait plus être prise que par la voie ordinaire
de l'expropriation pour cause d'utilité publique.

CODE NAPOLÉON. ART. 645. — M. le rapporteur
de la commission du projet de code rural comprend
cet article dans l'énumération des lois qui confèrent
à l'administration ses pouvoirs, en disant : « Art. 645,
» qui, après avoir déféré aux tribunaux la connais-
» sance des différentes contestations entre les pro-
» priétaires auxquels peuvent être utiles les eaux
» non dépendantes du domaine public, ajoute : Dans
» tous les cas, les règlements particuliers et locaux
» sur le cours et l'usage des eaux doivent être
» observés. »

Mais la commission du projet de code rural se
trompe étrangement en prenant les règlements particuliers et locaux dont parle l'art. 645 pour des
règlements d'administration publique. Ils n'ont nullement ce caractère, et, si la commission avait
recherché dans les conférences du Code civil le

véritable sens de la loi, elle aurait vu que le paragraphe qui concerne les règlements particuliers et
locaux n'existait pas dans la première rédaction de
l'art. 645. Il ne fut ajouté, lors de la rédaction
définitive, que pour faire droit à la réclamation du
conseiller d'Etat Galli, qui demandait qu'on fît au
principe de droit naturel : *Qui potior loco, potior
jure*, sur lequel les auteurs du Code ont basé le droit
d'occupation des eaux, une exception en faveur des
droits acquis sous l'empire de l'ancienne législation.

Il ne faut donc pas confondre ces règlements,
qui émanaient de l'autorité des seigneurs et que les
auteurs du Code Napoléon ont tenu à respecter
pour ne pas bouleverser des positions acquises, avec
les mesures que l'administration prend aujourd'hui
sur les cours d'eau non navigables et auxquelles elle
donne, contrairement à la loi, la forme et la
valeur des règlements d'administration publique.

L'autorité administrative devrait se pénétrer des
motifs pour lesquels le conseiller d'Etat Tronchet
répondait dans la discussion de l'art. 644 à son
collègue Bigot de Préameneu, qui demandait précisément qu'on subordonnât la jouissance des eaux
aux dispositions de règlements administratifs : « *Ces
» règlements ne doivent pas être prévus dans le
» Code.* » (Voir le commentaire de l'art. 644.)

LOI DU 16 SEPTEMBRE 1807. — Cette loi, qui

est la dernière que M. le rapporteur invoque en
faveur de l'administration, a trait principalement
au dessèchement des marais dont l'administration
n'a jamais contesté la propriété aux riverains. Elle
ne concerne les eaux courantes qu'en ce qu'elle trace
quelques règles pour l'endiguement des rivières;
mais sous ce rapport elle est tellement incomplète
et donne, comme on le verra dans le commentaire de cette loi, si peu de liberté à l'administration,
que le ministre des travaux publics jugea à propos,
en 1842, de proposer une loi spéciale sur cet objet.
Mais cette loi fut retirée en raison des changements
qu'y avait apportés la commission de la Chambre des
pairs, ce que M. le comte Pelet (de la Lozère) nous
apprend en ces termes :

« Que M. le ministre des travaux publics soit parti
» du principe domanial, qu'il ait voulu s'arroger la
» propriété des cours d'eau non navigables, cela
» est incontestable; il vient de vous dire lui-
» même que la loi des endiguements qu'il avait
» présentée était fondée sur ce principe. Eh bien !
» la commission de la Chambre des pairs, à laquelle
» ce projet a été renvoyé, l'a entièrement changé
» sur ce point. Je regrette que la discussion n'ait pas
» eu lieu, car je suis porté à croire que les Chambres
» auraient plutôt adopté l'avis de cette commission
» que celui de M. le ministre, c'est-à-dire de l'ad-

» ministration qu'il dirige, car je ne fais à personne
» un crime de cet envahissement. » (*Moniteur* du
12 juin 1842.)

C'est aussi contre cet envahissement du pouvoir
administratif qu'eut à lutter, Sire, l'homme de génie
dont votre Majesté suit les nobles traditions.

S'élevant aux considérations de l'ordre le plus
élevé, et cherchant ses titres de gloire plus encore
dans la fondation du monument de législation qui
porte son nom que dans l'éclat de ses victoires,
Napoléon Ier, qui avait le sentiment des besoins de
son époque et tenait à faire respecter les grands
principes de notre Révolution, avait compris que le
pouvoir de supériorité que les seigneurs exerçaient
anciennement sur les terres et eaux banales de leurs
fiefs était incompatible avec nos institutions mo-
dernes et par conséquent n'avait pu être transmis
au pouvoir exécutif.

Les auteurs du Code Napoléon restèrent fidèles à ces
principes : « On reconnaît, disait Portalis dans l'ex-
» posé des motifs du Code, que la seigneurie féodale
» ou la puissance des fiefs n'est qu'une chose acci-
» dentelle, qui ne saurait appartenir à un souverain
» comme tel. On ne range dans la classe des préroga-
» tives de la puissance souveraine que celles qui ap-
» partiennent essentiellement à tout souverain, et sans
» lesquelles il serait impossible de gouverner; etc. »

Sans doute, si le droit ne pouvait s'établir sur une rivière non navigable que par les soins du Gouvernement, il faudrait bien admettre l'obligation d'une permission administrative; mais il est clair que ce ne serait que l'impossibilité de pouvoir tirer des eaux courantes, par les règles du droit commun, le meilleur parti qu'on est en droit d'en attendre, qui pourrait justifier ce mode d'attribution des eaux.

On a déjà vu que ce n'est pas sans raison que Cambacérès disait : « Il y a beaucoup d'inconvé- » nients à admettre en principe qu'il est des pro- » priétés qui n'existent que par un acte du Gouver- « nement. » C'est qu'en effet le règlement d'administration publique par lequel l'autorité administrative organise les droits des riverains est ce qu'on appelle en justice *le fait du prince*; c'est-à-dire un événement de force majeure dont personne ne doit garantie, or le fait du prince, indice presque toujours certain d'une mauvaise législation, doit suppléer aux impossibilités de la justice ordinaire, mais non la remplacer; aussi votre Majesté, Sire, attirera l'attention de nos législateurs sur ces réflexions si sages, que Napoléon adressait en 1810 à son Conseil d'Etat, et qui sont rapportées par Daviel, 5me édit., t. III, p. 468 :

« IL N'Y A DE PROPRIÉTÉ ET DE LIBERTÉ QUE PAR LA GARANTIE QU'O- » FRENT LES TRIBUNAUX..... LE RECOURS AU CONSEIL D'ÉTAT EST LOIN

» D'OFFRIR UNE GARANTIE SUFFISANTE, IL N'Y A DE VÉRITABLE GARANTIE
» QUE DANS LES TRIBUNAUX..... C'EST PARCE QU'ON LEUR RENVOIE TOUTES
» LES QUESTIONS DE PROPRIÉTÉ, QU'EN FRANCE LA PROPRIÉTÉ EST RES-
» PECTÉE..... TOUT CITOYEN A QUI L'ON FAIT TORT DOIT POUVOIR SE
» PLAINDRE, NON PAS A L'ADMINISTRATION OU LA FAVEUR PEUT BEAUCOUP,
» QU'ON N'ABORDE QUE DIFFICILEMENT, QUI VÉRIFIE LES FAITS COMME IL
» LUI CONVIENT ET NE DÉCIDE POINT OU DÉCIDE SUIVANT SON BON PLAISIR,
» MAIS AUX TRIBUNAUX AUPRÈS DESQUELS TOUS ONT ACCÈS, OU L'ON
» TROUVE DES DÉFENSEURS, DES FORMES PROTECTRICES, UN EXAMEN RÉGU-
» LIER, UN JUGEMENT, DES FORMES INVARIABLES. VOYEZ LE STYLE HUMBLE
» ET SUPPLIANT D'UNE PÉTITION ET LE STYLE FERME D'UNE REQUÊTE, ET
» VOUS COMPRENDREZ LA DIFFÉRENCE. UN PÉTITIONNAIRE CROIT SOLLICITER
» UNE GRACE; UN PLAIDEUR A LA CONSCIENCE QU'IL USE DE SON DROIT. ON
» NE JOUIT PAS DE LA LIBERTÉ CIVILE DANS TOUT ÉTAT OU CELUI EN LA
» PERSONNE DUQUEL LA LOI A ÉTÉ VIOLÉE, FUT-CE PAR UN MINISTRE, NE
» PEUT PAS SE PLAINDRE AUX TRIBUNAUX. »

Or, les eaux d'une rivière non navigable cons-
tituent-elles une propriété, et les contestations auxquelles l'emploi de ces eaux peut donner lieu sont-
elles susceptibles d'être tranchées par les règles du
droit commun? Évidemment oui ; puisqu'après avoir
disposé du lit et des francs bords de la rivière en
faveur du riverain dans le chapitre des droits d'accession, le Code règle lui-même le mode d'emploi
des eaux au chapitre *des droits qui dérivent de la
situation des lieux,* ce qui fait dire à Portalis dans
l'exposé des motifs du Code : « *Nous avons cru
» devoir rétablir les propriétaires riverains dans
« l'exercice de leurs droits naturels,* c'est-à-dire de
droits qu'ils tiennent du bénéfice de la nature, ou
en d'autres termes de la situation des lieux et non
d'une concession administrative.

Mais si les Tribunaux ont seuls le droit de faire exécuter les prescriptions du Code relatives à l'usage des eaux en vertu de l'article 645, la compétence de l'autorité administrative est bien facile à établir.

Placée, comme une sentinelle, sur les limites de la propriété pour empêcher que les intérêts privés ne fassent invasion dans le domaine public, elle doit se garder de descendre dans la sphère où s'agitent les intérêts privés armée de ce pouvoir discrétionnaire dont elle ne peut faire usage que pour protéger les intérêts publics.

Si donc la loi du 6 octobre 1791 la charge de déterminer la hauteur des eaux de manière qu'elles ne nuisent à personne, ou en d'autres termes suivant les droits de chacun, on doit distinguer deux sortes de règlements administratifs.

Le premier qui a sa source dans le droit de propriété et doit nécessairement lui être subordonné, comme dans le cas où un riverain transmet les eaux d'une manière nuisible à ses voisins, ce que ceux-ci peuvent permettre mais ce qu'ils ont aussi parfaitement le pouvoir d'empêcher par la voie ordinaire des tribunaux. Un règlement de cette nature, on le conçoit, ne peut être qu'un règlement provisoire ou de conciliation, destiné à éclairer les riverains et les tribunaux eux-mêmes sur les questions d'art et surtout à prévenir, s'il se peut, par un arrange-

ment amiable, le règlement judiciaire prescrit par
l'article 645 du Code, et dont les formalités sont à
la fois très longues et très coûteuses.

Le second règlement est la garantie de l'ordre
social et doit le défendre contre les entreprises des
particuliers, comme dans le cas où un riverain transmet les eaux d'une manière nuisible à la société ; si
par exemple il rend un pays malsain, ce que personne ne peut permettre et ce que l'autorité administrative seule à le pouvoir d'empêcher, c'est alors
le cas où cette autorité peut intervenir par voie de
règlement d'administration publique exécutoire nonobstant tout titre, toute possession même immé-
moriale, car ces titres ou possessions ne sauraient
avoir le caractère d'un droit du moment où ils
portent atteinte à la chose publique.

La confusion qui s'est faite entre ces deux modes
d'intervention de l'autorité administrative, qui dans
le premier cas ne fait que régler ou plutôt indiquer
un droit préexistant et dans le second fait un acte
de pure administration, est la seule cause des conflits de compétence qui s'élèvent aujourd'hui entre
les autorités administratives et judiciaires.

Il vous appartient, Sire, de faire cesser ce fâcheux
état de choses, et, au milieu des efforts de nos législateurs pour arriver à la solution du problème qui
touche aux plus graves intérêts du pays, l'utilisation

des eaux et l'amélioration du cours des rivières ; ce ne sera pas un des titres les moins glorieux de votre règne d'avoir fait rentrer la jurisprudence, depuis longtemps égarée sur l'un des points les plus importants de notre législation, dans les bornes qui lui ont été tracées par le Code Napoléon, dont les sages dispositions sur le régime des eaux ne le cèdent en rien à celles prises à l'égard du sol, et dont on verra la parfaite concordance avec les principes inaugurés en 1789.

Daignez agréer, Sire, les sentiments du plus profond respect avec lesquels je suis,

De votre Majesté,

*Le très humble, très obéissant et très dévoué serviteur et sujet,*

HENRI DE LAGENARDIÈRE.

# COMMENTAIRE

## DE LA LOI DU 20 AOUT 1790.

———

### OBSERVATIONS PRÉLIMINAIRES.

1. — Rien n'est plus facile que de dénaturer le sens des lois quand les extraits qu'on en cite ne sont que quelques fragments de chapitres et même de phrases, comme ceux que la jurisprudence actuelle a tirés de la loi en forme d'instruction du 20 août 1790 et du code rural de 1791.

Il est utile alors de rechercher le véritable esprit de la loi dans les phrases qui en complètent le sens, et quelquefois aussi il importe d'examiner dans quelles circonstances la loi a été votée.

Ainsi par exemple, si les commentateurs de l'instruction législative adressée le 20 août 1790 aux administrations de départements avaient cherché à s'éclairer sur les intentions de l'Assemblée nationale, ils auraient vu qu'à l'époque dont nous parlons cette assemblée ne pouvait pas confier à l'autorité administrative la police des cours d'eau non navigables, parce qu'elle ignorait encore qui de l'État ou des riverains devait hériter des droits que les seigneurs exerçaient anciennement sur ces cours d'eau, et parce que, suivant l'attribution qui serait faite de ces droits, la police des eaux non consacrées à la navigation devait appartenir à l'administration ou aux tribunaux.

Or, on sait que ce ne fut que huit mois plus tard, c'est-à-dire le 23 avril 1791, que le député Arnoult, de Dijon, présenta au nom des comités des droits féodaux de l'agriculture et du commerce, dont il était le rapporteur, le projet de loi sur cette importante et préliminaire question de propriété des cours d'eau non navigables.

Enfin, avec un peu d'attention, on aurait vu que, pour ne laisser aucun intérêt en souffrance, l'Assemblée nationale avait, par son article 4 de la loi du 3 novembre 1789, maintenu provisoirement les justices seigneuriales qui continuèrent à connaître des entreprises sur ces cours d'eau et ne résignèrent leurs fonctions qu'entre les mains de l'autorité judiciaire, après que la loi du 6 octobre 1791 fut venue trancher nettement la question de propriété des eaux courantes non navigables en faveur des riverains.

Quand on étudie l'immense révolution qui s'est opérée, par suite de l'abolition de la féodalité, dans le régime légal des rivières anciennement soumises à l'autorité des seigneurs, on voit qu'elle est comprise toute entière dans ces expressions de la loi révolutionnaire : « Les fiefs sont désormais des alleux. »

« Il n'existe plus de fief, disait Merlin en présentant la

» loi du 15 mars 1790 sur l'abolition des banalités, tous
» les biens sont aujourd'hui des alleux. »

Mais quel était le but du législateur en abolissant les
banalités ? C'était avant tout de faire cesser la gêne ré-
sultant des droits co-existants du seigneur et du vassal.
« Le droit de l'un devait céder à celui de l'autre, dit
» Championnière ; le vassal était autorisé à acheter les
» droits du Seigneur, et celui-ci forcé de les céder. Désor-
» mais ils ne pouvaient plus rien avoir de commun, et la
» terre devait appartenir pleinement, absolument au pre-
» mier. » (Des eaux courantes, p. 720.)

Mais quelle conséquence devons-nous tirer de ce grand
principe de liberté auquel se sont scrupuleusement con-
formés les auteurs du Code Napoléon : c'est que l'article
714 de ce Code qui dit : « il est des choses qui n'appar-
» tiennent à personne ; des lois de police règlent la ma-
» nière d'en jouir, » ne peut s'entendre des cours d'eau
non navigables, attendu que ce sont des immeubles aussi
bien que les rivières sur lesquelles la navigation est
établie, et que le système *res nullius* ne peut leur être
appliqué parce qu'il est contraire aux principes de liberté inaugurés en 1789 (1).

On était préoccupé alors de cette idée que pour être
libres les biens ruraux ne devaient pas avoir deux maîtres,
et que par conséquent ils ne pouvaient appartenir qu'à
l'État si un intérêt général ou, en d'autres termes, des
nécessités de haute police exigeaient qu'ils fussent cons-

_____

(1) On peut voir dans le chapitre consacré à la réfutation du système
*res nullius* que l'article 714 n'existait pas dans la première rédaction du
Code et qu'il n'y a été ajouté que sur une observation très juste de la
Cour de Paris concernant certains effets mobiliers et nullement les cours
d'eau.

tamment sous la surveillance et la direction du gouvernement; et qu'ils devaient être laissés dans le domaine privé des riverains si des mesures de simple police pouvaient suffire.

C'est d'après ce principe que les rivières navigables appartiennent à l'Etat, et que les riverains ne peuvent jouir que moyennant une redevance des eaux inutiles à la navigation.

D'ailleurs, en quoi le système *res nullius* que l'administration applique aux rivières non navigables, diffère-t-il du principe domanial, si, suivant les sévérités de la jurisprudence administrative, le gouvernement peut, quand il a besoin des eaux, se mettre aux lieu et place du riverain sans lui devoir aucune indemnité.

Aussi le rapporteur des comités chargés, après l'abolition des banalités, d'examiner la question de propriété des cours d'eau non navigables, le député Arnoult, de Dijon, pensant que l'intérêt collectif des riverains devait l'emporter sur l'intérêt de chacun, rangeait ces cours d'eau dans le domaine public.

Mais l'assemblée nationale ne partagea pas cette opinion, car quelques mois plus tard elle vota la loi du 6 octobre 1791, dont l'art. 4 permet aux riverains d'user des eaux *en vertu du droit commun;* principe qu'adoptèrent ensuite les auteurs du Code Napoléon, car il est facile de s'assurer, par la discussion à laquelle a donné lieu dans le sein du Conseil d'Etat l'art. 644 de ce Code, que ses auteurs ne reconnaissent sur les cours d'eau non navigables que le droit individuel, et que par conséquent on ne saurait lui opposer ce que l'administration appelle l'intérêt collectif des riverains. Et en effet, il est de principe que le gouvernement ne peut disposer sans indemnité, au nom de l'intérêt général, d'une chose susceptible d'occupation privée. Aussi le projet de loi présenté par le député Arnoult fut-il écarté sur la motion du député Bouche, d'Aix, qui fit remarquer ce qu'il avait de dangereux, notamment au point de vue des irrigations.

« Avant qu'on ouvre cette discussion, dit ce député,
» je demande à faire une motion. Le travail qu'on vous
» propose entraîne avec lui la destruction du droit d'ar-
» rosage, si précieux pour l'agriculture dans les pays
» méridionaux, et je vous annonce qu'un pareil projet
» porterait la désolation dans nos départements. (*Moniteur* du 24 avril 1791.) »

Tant il y a qu'à cette époque on ne croyait pas pouvoir remplacer avantageusement l'application des règles du droit commun à l'usage des eaux par le pouvoir dispensateur, et par conséquent discrétionnaire de l'administration.

Ainsi donc, les domanistes, qui voudraient prétendre que la loi du 20 août 1790 avait donné à l'administration un pouvoir souverain sur les eaux, seront bien obligés de convenir que si cela était le projet de loi présenté par le député Arnoult n'aurait plus eu aucune raison d'être. Et d'ailleurs, comment ne voit-on pas que si cette loi du 20 août 1790 avait reconnu un caractère de domanialité aux cours d'eau non navigables, la loi du 1er décembre suivant, qui fait l'énumération des choses qui appartiennent au domaine public, aurait dû nécessairement les comprendre parmi les dépendances de ce domaine.

Or il n'en fut rien et on va voir que la loi du 20 août n'a pas du tout la signification qu'on lui prête.

## ALTÉRATION DU TEXTE DE LA LOI PAR LA JURISPRUDENCE ACTUELLE.

**2. —** Quel était le véritable caractère de cette loi?

Il n'y a pas moyen de s'y méprendre ; il suffit de la lire pour reconnaître qu'elle n'était qu'une très longue instruction donnée par l'assemblée constituante, sur les devoirs qu'ils auraient à remplir, aux corps administratifs nouvellement organisés, et parmi ces instructions se trouvait naturellement la recommandation de rechercher tous les éléments propres à régénérer notre législation, et à la mettre en harmonie avec les principes qui avaient triomphé en 1789.

Aussi le chapitre VI, qui contient le paragraphe à l'aide duquel l'autorité administrative cherche à établir son pouvoir souverain sur les cours d'eau, non navigables, n'a-t-il pas d'autre but que de charger les administrations de donner des renseignements, et le paragraphe notamment qui concerne les eaux est conçu en termes qui ne peuvent laisser aucun doute à cet égard :

ELLES (LES ADMINISTRATIONS) DOIVENT AUSSI RECHERCHER ET INDIQUER LES MOYENS DE PROCURER LE LIBRE COURS DES EAUX, D'EMPÊCHER QUE LES PRAIRIES NE SOIENT SUBMERGÉES PAR LA TROP GRANDE ÉLÉVATION DES ÉCLUSES DES MOULINS ET PAR LES AUTRES OUVRAGES D'ART ÉTABLIS SUR LES RIVIÈRES, DE DIRIGER ENFIN, AUTANT QU'IL SERA POSSIBLE, TOUTES LES EAUX DE LEUR TERRITOIRE VERS UN BUT D'UTILITÉ GÉNÉRALE, D'APRÈS LES PRINCIPES DE L'IRRIGATION. »

Il est bien évident qu'à une époque où les banalités des rivières venaient d'être abolies et où l'Assemblée constituante méditait de remplacer le pouvoir de police que les seigneurs exerçaient dans l'étendue de leurs fiefs par une loi sur la police rurale (celle du 6 octobre 1791), l'Assemblée avait besoin, pour organiser cette police d'une manière convenable, qu'on lui indiquât les moyens de procurer le libre cours des eaux, et d'empêcher que les prairies ne soient submergées par la trop grande élévation des écluses et autres ouvrages d'art en lit de rivière, mais il est important surtout de ne pas s'abuser sur le sens du dernier membre de la phrase qui recommande aux administrations de *rechercher* et d'*indiquer* les moyens de diriger toutes les eaux du territoire vers un but d'utilité générale.

N'est-il pas inouï qu'on puisse trouver, dans la recommandation d'indiquer les moyens de faire une chose, l'autorisation de l'exécuter ; ou plutôt ne doit-on pas s'étonner du peu de soin qu'on apporte généralement dans la transcription des articles de loi, dont la moindre omission ou transposition de mot peut dénaturer complètement le sens ?

Ce n'est en effet qu'en modifiant le texte du paragraphe précité que le directeur général des ponts et chaussées parvenait à donner à la loi de 1790 une signification qu'elle n'a pas réellement.

Ce haut fonctionnaire, ayant à formuler son avis sur la nature du pouvoir concédé à l'administration sur les cours d'eau non navigables, écrivait le 11 mai 1829 au préfet de la Vendée :

« Les administrations *sont chargées*, par une loi du 20

» août 1790, de diriger autant que possible toutes les
» eaux du territoire vers un but d'utilité générale. »

Et ce qui n'est pas moins étonnant, c'est que la cour
de cassation ne reproduise pas plus fidèlement le texte
de la loi.

« La cour, lisons-nous dans un arrêt du 6 décembre
» 1833, vu le chap. VI de l'instruction de l'Assemblée na-
» tionale sanctionnée par le roi le 20 août 1790, *laquelle*
» *charge* les assemblées administratives de départements
» *de diriger* autant qu'il est possible toutes les eaux de
» leur territoire vers un but d'utilité générale, etc. »

Bien que le paragraphe qu'invoque cet arrêt soit un
peu long sans toutefois être confus ou ambigu, il est
inconcevable que la cour de cassation ne se soit pas
aperçue de suite que ce ne serait pas une locution fran-
çaise de dire : Elles (les administrations) doivent
aussi de diriger..., etc., que pour rendre la phrase
intelligible il faut nécessairement rapporter ces mots :
diriger autant qu'il sera possible..., etc. à ce premier
membre de la phrase : Rechercher et indiquer les
moyens de..., etc., et dire alors, conformément au véritable texte de la loi : Les administrations doivent aussi
rechercher et indiquer les moyens de diriger toutes les
eaux de leur territoire vers un but d'utilité générale.

Mais, avec cette rectification si naturelle, nous ne
pourrons pas non plus admettre la définition que
M. Dufour donne du pouvoir que l'administration tient
de cette loi, quand il dit : « Le pouvoir de police en
» matière de cours d'eau a également pour but la direc-
» tion des eaux en vue de l'utilité générale (voyez
» la loi du 20 août 1790, chap. 6). »

« Il est de l'essence du pouvoir de police, ajoute cet
» auteur, nous n'avons qu'à le rappeler ici, d'échapper
» à toutes ses entraves et d'écarter tous les obstacles.
» Destiné à protéger les intérêts confiés à sa garde contre
» tout ce que les circonstances et les événements peuvent
» avoir de variable, d'imprévu, il n'est lié ni par les
» stipulations des particuliers entre eux ni par les actes
» des dépositaires des autres branches du pouvoir
» exécutif; ses propres actes n'ont rien de définitif ni
» d'irrévocable vis-à-vis de lui-même. La mesure prise
» aujourd'hui dans un intérêt de police peut être dès
» demain modifiée par un intérêt de police (*police des*
» *eaux*, p. 325). »

Que cette définition du pouvoir de haute police que
la loi confie dans certains cas à l'autorité administrative
soit exacte, nous ne le contestons pas; mais prétendre
que cette autorité est munie de ce plein pouvoir en vertu
d'une loi qui la charge seulement de donner des renseignements ou indications, c'est évidemment dépasser
toutes les bornes du raisonnement.

Nous ne serons pas plus embarrassés pour réfuter
l'appréciation suivante de M. Nadault de Buffon :

« Mais une distinction qu'il est très important de
» faire, dit ce savant ingénieur, c'est que l'autorité
» administrative n'est pas liée par les mêmes restric-
» tions que les individus. Si dans les relations de par-
» ticulier à particulier le seul fait de l'écoulement
» naturel des eaux constitue en faveur de chaque rive-
» rain une possession suffisante pour qu'il puisse la
» faire valoir contre tout ce qui tendrait à l'y troubler,
» il n'en est pas de même vis-à-vis de l'autorité chargée

» de disposer des eaux pour le bien du territoire et
» de les diriger de la manière la plus conforme aux
» intérêts généraux du pays. La loi du 20 août 1790,
» qui établit ce principe, n'a point imposé à l'admi-
» nistration, dans l'exercice de ce devoir, l'obligation
» de rendre les eaux à leur ancien cours, après en avoir
» disposé. » (*Des Usines*, t. II, p. 57.)

Or il y a une bonne raison pour que la loi du
20 août 1790 n'ait pas fait à l'administration une obligation de rendre les eaux à leur ancien cours après en
avoir disposé, c'est qu'elle ne lui donne pas le droit
d'en disposer; c'est qu'elle lui défend même de faire
des règlements.

## DÉFENSE FAITE PAR CETTE LOI AUX ADMINISTRATIONS DE FAIRE DES RÈGLEMENTS.

3. — Une chose assez digne de remarque, c'est
que bien que la loi du 20 août 1790 ne réclame que l'intervention du préfet, le gouvernement néanmoins, avant
le décret de décentralisation de 1852, attirait à lui la
connaissance de toutes les mesures prises sur les cours
d'eau non navigables, et qu'un règlement n'était exécutoire qu'en vertu d'une ordonnance ou décret.

M. Garnier explique ainsi le retrait d'un pouvoir
qu'il considère aussi comme ayant été laissé par la loi
dans les attributions de l'autorité départementale.

« Les lois n'exigent que l'autorisation du préfet,
» mais sa décision ne peut être définitive, car, si un
» préfet refusait mal à propos de donner la permission,

» la partie ne s'accommoderait nullement d'être jugée
» par lui. Le roi a pu établir que tous les arrêtés d'au-
» torisation lui seraient soumis, pour qu'il vérifiât s'il
» y avait lieu de les confirmer ou de les réformer. »
(*Traité des rivières*, t. II, p. 146.)

Cette raison pour restreindre l'autorité du préfet était
bonne sans doute, mais il en est une que nous lui pré-
férons, c'est que cette même loi de 1790 qu'invoque
M. Garnier dit positivement, chap. 1er : « Les adminis-
» trations de départements ne peuvent faire ni décrets,
» ni ordonnances, *ni règlements.* »

Est-ce donc une contradiction de la loi, une incon-
séquence de l'Assemblée constituante qui retirerait
d'une main le pouvoir qu'elle accorde de l'autre?
Non. L'antinomie n'est qu'apparente et provient de ce
qu'on traduit, comme nous l'avons déjà dit, beaucoup
trop librement le texte de la loi de 1790.

Car, entre la recommandation de diriger les eaux
et celle de rechercher et d'indiquer les moyens de le
faire, il n'y a rien moins qu'un changement complet de
système.

Dans le premier cas, la recommandation ne peut
émaner que d'un pouvoir absolu qui délègue à l'administration une partie de sa souveraineté; dans le second,
la mission confiée à l'autorité administrative ne constitue pas même des attributions de police, mais seulement l'obligation de rechercher le meilleur parti à
tirer des eaux, afin de pouvoir communiquer à cet
égard d'utiles renseignements.

Mais à qui devaient s'adresser ces indications? Il
va sans dire que c'est au Gouvernement pour ce qui

concerne les rivières navigables, puisque la loi du
1er décembre en fait une dépendance du domaine
public, mais il est évident aussi que c'est aux riverains pour ce qui concerne tous les autres cours d'eau,
attendu que l'art. 4 du Code rural de 1791 et l'article
644 du Code Napoléon reconnaissent aux riverains le
droit d'en user en vertu du droit commun.

Mais une indication n'est point un commandement,
et pour que l'autorité administrative ne l'oublie pas, la
même loi a bien soin de lui rappeler qu'elle ne peut
pas faire de règlements.

### ERREUR DE LA COMMISSION DU PROJET DE CODE RURAL QUI CROIT VOIR DANS LA LOI DU 22 DÉCEMBRE 1789, LE COMPLÉMENT DE LA LOI DU 20 AOUT 1790.

4. — Les grands principes de notre Révolution
sont aujourd'hui laissés dans un oubli bien regrettable.
Personne, après l'abolition de la féodalité et même au
moment des travaux préparatoires du Code Napoléon,
ne songeait à faire régir les eaux non navigables par
voie de règlement d'administration publique, c'est-
à-dire à en laisser la libre disposition au souverain.

C'est ce que nous apprend l'un des rédacteurs du
Code Napoléon, le comte Pelet, de la Lozère, dont
nous avons déjà cité l'énergique protestation que nous
rappelons ici à cause de son importance : « Je demande
» la permission, disait cet orateur à la Chambre des
» pairs, de rappeler à M. le Ministre des travaux
» publics les avis du Conseil d'État les plus rapprochés

» du Code civil et de 1789. Il y verra qu'à cette
» époque où on respectait encore les principes de notre
» Révolution, le droit de propriété des riverains sur
» les cours d'eau non navigables n'était pas contesté.
» On partait de l'abolition de la féodalité et on décla-
» rait qu'elle avait été abolie en ceci au profit des
» riverains et non au profit des communes ou du
» Gouvernement. » (*Moniteur* du 12 juin 1842.)

Cependant l'autorité administrative, peu satisfaite
de ce rôle plus modeste il est vrai, mais infiniment plus utile, de conseil et de conciliation que la
loi lui confie, et le seul au reste auquel elle pût prétendre si elle reconnaissait le droit de propriété des
riverains, n'a pas sondé si scrupuleusement l'esprit de
nos lois, et depuis longtemps elle se contente de traduire, comme nous venons de le voir, beaucoup trop
librement l'instruction législative du 20 août 1790.

Mais voici que la Commission du nouveau projet de
Code rural, mieux avisée, a senti que, prise isolément,
cette instruction ne signifierait rien ou du moins aurait
un tout autre sens que celui qu'on lui attribue généralement, en sorte qu'elle s'est crue obligée de chercher
ailleurs la raison de l'intervention du chef de l'Etat
dans les règlements d'eau des rivières non navigables,
et c'est dans les termes de la loi du 22 décembre 1789
qu'elle a cru la trouver.

Cette loi est ainsi conçue : « Les administrations de
» départements (aujourd'hui le préfet), sont chargées,
» *sous l'autorité et l'inspection du roi*, comme chef su-
» prême de la nation et de l'administration générale du
» royaume, de toutes les parties de cette adminis-

» tration, notamment de celles qui sont relatives :
» 1°.. , 5° à la conservation des propriétés publiques ;
» 6° à celle des forêts, rivières, chemins et autres
» choses communes..., etc. »

Or, comment M. le rapporteur tire-t-il parti de cette loi, c'est en disant « qu'elle charge les administrations « de départements de veiller à la conservation des « rivières, sans distinguer si elles sont navigables et « flottables ou non, »

Mais la loi ne distingue pas non plus entre les forêts domaniales et celles qui appartiennent à des particuliers? Faudrait-il donc aussi en conclure qu'il n'y a que des forêts domaniales?

On voit que le pouvoir de l'administration ne tient qu'à un fil, mais ce fil sera-t-il assez fort pour supporter le poids d'une question vitale, selon nous, pour l'agriculture et l'industrie? L'Assemblée constituante aurait-elle décidé du sort des cours d'eau non navigables par une équivoque?

Évidemment tout le monde sera assez sage pour penser le contraire; aussi l'expédient de la Commission ne sauve pas son système.

Faite en vue de la conservation des choses communes et par conséquent des rivières navigables auxquelles, suivant la très juste observation de M. Dalloz, elle ne fait qu'appliquer le principe administratif de l'ordonnance de 1669, nous ne voyons pas en quoi la loi du 22 décembre, qui n'est d'ailleurs, ainsi qu'il est facile de s'en convaincre, visée en tête et à l'appui d'aucune mesure prise sur les cours d'eau non navigables, peut intéresser le régime de ces eaux.

Ne voit-on pas en effet que cette loi ne concerne que l'administration des choses qui servent à un usage commun, tels que les chemins, et que parmi les rivières on ne peut leur assimiler que celles qui, étant appropriées au service de la navigation, sont, suivant l'expression de Pascal, de véritables chemins qui marchent.

Mais, si un chemin ou une rivière navigable sont choses publiques ou communes, pourra-t-on donner le même nom à la rivière qui traverse un domaine et qu'en vertu de l'art. 644 du Code Napoléon le propriétaire peut diriger comme il l'entend et clore dans l'enceinte de sa propriété? Non évidemment.

En quoi donc l'Assemblée nationale touchait-elle aux droits des riverains des cours d'eau navigables par la loi en forme d'instruction du 22 décembre 1789?

L'autorité administrative devant tout naturellement être chargée de veiller, sous l'inspection du roi, à la conservation des choses qui servent à un usage commun, n'était-il pas tout naturel que l'instruction, qui organisait le pouvoir des administrations départementales, mit au premier rang de leurs obligations celle d'entretenir les forêts et rivières consacrées à un usage public ou commun, sans rien préjuger sur celles qui ne devaient être exploitées que dans un intérêt privé?

La commission du projet de code rural ne saurait donc pas plus trouver, dans la loi de 1789 que dans celle de 1790, la raison du pouvoir discrétionnaire ou de libre disposition des eaux, qu'elle reconnaît à l'administration.

3

POURQUOI LA LOI DIT QUE L'ADMINISTRATION DOIT DIRIGER
LES EAUX DANS UN BUT D'UTILITÉ GÉNÉRALE.

5. — Terminons le commentaire de la loi de 1790
par l'explication des termes dont se sert l'assemblée
constituante, qui au premier abord ne paraissent pas
très intelligibles.

La loi étant ainsi conçue : « Elles (les administrations)
» doivent aussi rechercher et indiquer les moyens de di-
» riger toutes les eaux du territoire vers un but d'uti-
» lité générale d'après les principes de l'irrigation, »
on se demande pourquoi, si le législateur n'a eu en vue
que de venir en aide aux intérêts privés, il a ajouté ces
mots : *dans un but d'utilité générale*, et en second lieu,
pourquoi l'administration ne doit se préoccuper que de
l'irrigation, ce qui fait que beaucoup d'auteurs ont pensé
qu'il existait dans la loi une lacune regrettable à l'égard
des usines.

Nous ne nous dissimulons pas comme nous venons
de le dire qu'il ne soit assez difficile de bien saisir le
sens de la loi, quand on se contente de quelques idées
théoriques et qu'on ne s'est pas rendu exactement compte
de la manière dont les eaux peuvent être utilisées; mais
pour celui qui descend dans la pratique des cours d'eau,
qui comprend l'utilité au point de vue de l'agriculture,
des travaux d'art dont se servent les usines, tout s'é-
claircit merveilleusement et rien n'est plus sage que la
recommandation de l'assemblée nationale.

La rédaction de l'article a été évidemment dictée
par un homme habile dans l'art d'utiliser les eaux, mais

comme les idées théoriques ne sont pas un guide aussi
sûr que la pratique, peu d'hommes de loi ont saisi la
signification de cet article, et nous n'avons vu jusqu'ici
qu'une seule personne qui en ait parfaitement compris le
sens, c'est M. le comte Jaubert, qui après avoir, dans une
excellente notice publiée dans le *Correspondant*, cité le
paragraphe qu'on vient de lire, ajoute : *d'où il suit qu'on
doit tirer parti sous le rapport de l'irrigation, de la surélé-
vation des eaux dans les biefs d'usine.*

Mais comment l'administration peut-elle tirer parti
d'une rivière qui n'est pas domaniale et où, par conséquent, elle n'exécute jamais pour son propre compte
aucun travail. Ce ne peut être qu'en *indiquant* au riverain l'emploi le plus avantageux qu'il peut faire des eaux
qui traversent son héritage; et le côté d'intérêt général
de la mesure, puisque nous voyons que c'est surtout dans
ce but que l'assemblée constituante fait intervenir l'administration, c'est de propager autant que possible les
bienfaits de l'irrigation en procurant, par l'indication
du point maximum auquel l'usinier peut élever
les eaux, le niveau également le plus favorable pour
la bonne tenue et l'amélioration des propriétés riveraines.

« L'exhaussement du niveau des eaux, dit M. Nadault
» de Buffon (Des Usines t. 1, p. 42) restreint dans des
» limites convenables a toujours pour effet d'améliorer
» les propriétés voisines, car la culture qu'il est le plus
» avantageux d'établir le long des rivières étant celle
» des prairies, il est évident qu'amener jusqu'à 20 ou
» 30 centimètres de leur niveau la surface de l'eau
» qui, auparavant, coulait à une assez grande distance au

» dessous d'elles, c'est en augmenter la valeur et les
» qualités productives. »

Or, pourquoi l'administration doit-elle se contenter
d'indiquer la meilleure direction à donner aux eaux?
N'est-ce pas uniquement parce que l'étude faite par ses
ingénieurs ne peut avoir d'autres résultats que d'éclairer
le constructeur de l'usine sur ses intérêts, confondus dans
le cas particulier avec ceux des riverains supérieurs?
L'administration peut-elle faire autre chose que de donner
un bon conseil, puisque le riverain reste toujours libre
de faire ou de ne pas faire selon sa volonté ou suivant
ses moyens?

On entrevoit déjà que la recommandation faite aux
administrations par la loi du 6 octobre 1791, de déterminer la hauteur des eaux n'est que le complément ou
la conséquence de la loi du 20 août 1790, car pour que
l'administration puisse indiquer la meilleure direction
à donner aux eaux, il faut nécessairement qu'elle soit
autorisée, à déterminer, sous toutes réserves bien entendu, le point maximum auquel elles peuvent être
élevées, non-seulement sans nuire à personne, mais
encore pour le plus grand avantage des riverains au droit
desquels le plan d'eau doit être relevé.

### DÉPLORABLES EFFETS DU SYSTÈME PRÉCONISÉ PAR L'ADMINISTRATION.

6. — Montrons donc combien la mission de l'administration telle que nous l'entendons, ou plutôt telle
qu'elle est tracée par la loi, serait plus profitable aux riverains que celle qui a sa base dans un pouvoir absolu
ou discrétionnaire comme celui qu'elle s'attribue.

Nous trouvons les préceptes suivants dans le travail d'une commission formée en 1818 à l'effet d'indiquer les formalités à remplir pour l'établissement des usines sur tous les cours d'eau sans exception.

La règle de conduite des ingénieurs y est ainsi tracée :

« Art. 35. L'ingénieur ne doit pas s'immiscer dans » le calcul des effets de l'usine projetée.

« Art. 36. Il ne donne au pétitionnaire aucune opi-» nion sur le mérite ou les défauts du projet.

« Art. 37. Dans aucun cas, et lors même que l'ingé-» nieur ordinaire croirait pouvoir le faire sans inconvé-» nient et pour le mieux, il ne doit proposer d'accorder » au pétitionnaire *ultra petita*, c'est-à-dire des conditions » meilleures que celles qui font l'objet de la demande.

Mais, nous le demandons, quel est celui des deux ingénieurs qui peut rendre le plus de service à son pays de celui qui dit à un riverain dont les projets d'établissement sont peu importants, peut-être à cause de l'impossibilité où il se trouve de reconnaître lui-même à quelle hauteur les eaux peuvent être tendues sans nuire à personne : vous ne tirez pas de la rivière toutes les ressources qu'elle peut vous donner ; mes calculs prouvent que vous pourriez avoir une chute plus considérable non-seulement sans faire tort à personne, mais encore en améliorant les propriétés de vos voisins ; ou bien de l'ingénieur à qui il est enjoint de ne pas l'immiscer dans les calculs des effets de l'usine projetée et qui, alors même qu'il croirait pouvoir le faire sans inconvénient, ne doit proposer d'accorder au pétitionnaire aucune condition meilleure.

Mais ce n'est pas tout, l'administration ne se contente pas, dans le système vicieux que nous combattons, d'abandonner le riverain à ses propres lumières. Elle lui impose encore la condition si dure de non indemnité en cas de dépossession pour cause d'utilité publique.

Peut-on s'étonner après cela de la dépréciation des usines et des souffrances de l'agriculture, et quand M. le comte Jaubert dit avec beaucoup d'élégance dans une notice du *Correspondant* que nous avons déjà citée :

« Nous aimons à penser que M. Vivien, en créant le
» service hydraulique, s'est souvenu d'un vœu exprimé
» il y a quelques vingt ans à la tribune de la Chambre
» des députés, quand nous avons dit que chaque rivière
» devrait recevoir de la science moderne son ingénieur
» comme elle a reçu jadis de la fable sa naïade. »

A coup sûr, ce n'étaient pas les dispositions dont nous venons de parler que cet ancien ministre supposait aux ingénieurs.

# COMMENTAIRE

## DE LA LOI DU 6 OCTOBRE 1791.

4

------

**7.** — Cette loi n'a pas trait uniquement au régime des rivières, elle embrasse toutes les questions relatives à l'agriculture, et organise la police rurale conformément aux règles du droit commun.

Cinq articles de cette loi ont trait directement ou indirectement à l'usage des eaux, ce sont les articles 1 et 4 du titre 1, et les articles 9, 15 et 16 du titre 2. Nous les examinerons séparément et dans leur ensemble, mais voyons d'abord quel était l'état de la législation des eaux au moment où parut la loi du 6 octobre 1791.

Nous avons fait comprendre dans le commentaire de l'instruction législative du 20 août 1790, qu'à cette époque l'Assemblée constituante n'aurait pas pu donner aux administrations de départements un pouvoir discrétionnaire sur les eaux non navigables, et qu'elle se contentait de leur demander les renseignements dont elle avait besoin pour organiser convenablement la police de ces eaux.

Nous avons vu également que l'Assemblée législative écartait, le 23 avril de l'année suivante, sur la motion d'un député du midi, le projet de loi qui attribuait à l'Etat la propriété de tous les cours d'eau sans exception; mais cette question de propriété des eaux courantes non navigables, ne devait pas rester indéfiniment en suspens, car aucune mesure de police ne pouvait être adoptée sans qu'elle fut préalablement résolue.

Il importe de remarquer, comme nous l'avons déjà dit, que les principes de liberté proclamés en 1789 devaient porter leurs fruits, c'est-à-dire qu'aucune propriété territoriale ne pouvait avoir deux maîtres, et que par conséquent si des mesures de haute police ou de surveillance continuelle exigeaient que l'administration intervînt dans les questions hydrauliques munie d'un pouvoir souverain, les cours d'eau non navigables devaient appartenir à l'Etat, tandis que si son intervention par voie de conseil pouvait suffire, ces cours d'eau devaient rester dans le domaine privé des riverains.

Et en effet, il ne faut pas perdre de vue que depuis que la propriété territoriale est affranchie de la tutelle des seigneurs, l'autorité administrative n'est pas seulement préposée à la garde des intérêts généraux de la société qu'elle ne peut défendre que par voie de règlement d'administration publique, mais encore à l'amélioration des intérêts privés qu'elle doit aider de ses conseils et des données de la science.

COMMENTAIRE DE L'ARTICLE 1er QUI SOUSTRAIT LES COURS D'EAU NON NAVIGABLES A L'ACTION DISCRÉTIONNAIRE DE L'ADMINISTRATION.

L'Assemblée législative, ayant à organiser la police rurale, dût mettre son premier soin à établir la condition nouvelle des terres et eaux anciennement soumises à l'autorité des seigneurs, et elle dût surtout s'appliquer à rendre cette condition conforme aux principes qui avaient triomphé en 1789. Aussi la première section du titre 1 de la loi du 6 octobre 1791 est-elle intitulée : *Des principes généraux sur la propriété territoriale*, et ces principes, l'article 1er de cette section les exprimait en ces termes :

« LE TERRITOIRE DE LA FRANCE DANS TOUTE SON ÉTENDUE EST LIBRE
» COMME LES PERSONNES QUI L'HABITENT: AINSI, TOUTE PROPRIÉTÉ TERRI-
» TORIALE NE PEUT ÊTRE SUJETTE ENVERS LES PARTICULIERS QU'AUX REDE-
» VANCES ET AUX CHARGES DONT LA CONVENTION N'EST PAS DÉFENDUE PAR
» LA LOI ; ET ENVERS LA NATION QU'AUX CONTRIBUTIONS PUBLIQUES ÉTABLIES
» PAR LE CORPS LÉGISLATIF ET AUX SACRIFICES QUE PEUT EXIGER LE BIEN
» GÉNÉRAL SOUS LA CONDITION D'UNE JUSTE ET PRÉALABLE INDEMNITÉ. »

Les rivières durent-elles être comprises dans cet affranchissement de la propriété ? Évidemment oui, puisqu'il est dit que le territoire est libre dans toute son étendue.

Et cependant un grave auteur, M. Demolombe, s'élève contre cette interprétation de la loi en disant : « si en » effet la propriété des rivières non navigables apparte- » nait aux riverains, le droit de pêche à leur profit en au- » rait été la conséquence nécessaire après l'abolition de » la féodalité. Or précisément il n'en a jamais été ainsi. »

M. Demolombe se trompe, et voici une explication qui devra nécessairement modifier son opinion.

Un propriétaire ayant demandé que le silence des lois abolitives de la féodalité à l'égard des rivières non navigables cessât, et que ce qu'il regardait comme une lacune fut rempli, la Convention répondit le 6 juillet 1793 par le décret suivant :

« La Convention nationale, après avoir entendu son
» comité de législation sur la pétition du citoyen Cabaut,
» de la commune d'Orval, département de la Manche,
» tendante à faire décréter l'abolition du droit exclusif
» de la pêche prétendue par des ci-devant seigneurs, et
» la permission à chacun de pêcher le long de ses héri-
» tages, passe à l'ordre du jour motivé sur l'art. 2 du
» décret du 25 août 1792, portant que toute propriété
» foncière est réputée franche et libre... etc.

L'article 2 du décret du 25 août 1792 n'était comme on le voit que la répétition de l'art. 1er du code rural, et les rivières étaient comprises dans ce qu'on appelait alors *propriété foncière.*

Mais comme nos lois s'enchaînent et se coordonnent, il nous est impossible, pendant que nous sommes sur ce sujet, de laisser passer sans réponse une seconde observation de M. Demolombe qui tend à atténuer ce que l'art. 3 de la loi du 15 avril 1829 a de significatif, quand il dit : « dans le cas où les cours d'eau seraient
» rendus ou déclarés navigables, les propriétaires qui
» seront privés du droit de pêche auront droit à une
» indemnité préalable. »

« Ce fut sans doute, dit le savant professeur, un suc-
» cès pour l'opinion, qui dans les Chambres législatives

» de cette époque soutenait que la propriété des rivières
» appartenait aux riverains.. Mais ce succès n'a été que
» le résultat d'une erreur de fait, car il paraît n'avoir
» été déterminé dans la Chambre des pairs que par ce
» motif que M. le comte d'Argout invoqua surtout, et
» qui ne fut pas réfuté ni contredit, à savoir que les ri-
» verains payaient les contributions jusqu'au milieu de
» la rivière et que l'administration elle-même portait au
» nom des riverains, sur le cadastre et sur les rôles de
» l'impôt, les portions de lit des rivières non navigables
» qui bordent leurs propriétés ou qui y sont encla-
» vées.

« Ce motif a paru déterminant aussi à M. Troplong,
» et on conçoit que cet argument serait d'une grande
» force pour prouver la propriété des riverains, si en
» effet il était exact. Mais précisément il manque tout à
» fait par sa base.

« Les petites rivières ne sont pas imposables, aux
» termes de la loi en forme d'instruction du 23 novem-
» bre 1791, de la loi du 3 frimaire an VII, art. 103; et,
» en fait, dans la pratique elles ne sont pas effectivement
» imposées ainsi que la preuve en résulte de documents
» statistiques; un employé supérieur de l'administration
» des finances nous l'a aussi personnellement attesté. »

« Et voilà comment cet argument retombe de tout son
» poids sur l'opinion contraire qui l'invoquait, car si les
» petites rivières ne sont pas imposées, c'est évidem-
» ment parce qu'elles ne sont pas des propriétés parti-
» culières. »

Nous avons déjà dit combien il faut se méfier des
théories du Cabinet sur lesquelles on bâtit souvent les

systèmes les plus inapplicables dans la pratique. L'argument de M. Demolombe nous en fournit un exemple
frappant.

Ainsi, parce qu'une chose n'est pas imposée, est-ce
pas à dire pour cela qu'elle ne soit pas susceptible
d'occupation privée? non évidemment, car ce n'est pas
la propriété elle-même que l'impôt affecte, mais bien
les revenus de cette propriété, et nous allons voir que
les rivières contribuent largement aux charges de l'Etat
en augmentant le revenu, et par conséquent l'impôt des
fonds riverains.

Si je possède un terrain en nature de friches, l'impôt
évidemment ne sera pas le même que si ce fonds avait
été planté en vigne, ou rendu, par une culture soignée,
terre de première classe; si je possède une mine, l'impôt ne la frappera qu'autant qu'elle sera exploitée, et
seulement en raison de ses produits. Autant nous en
dirons d'une rivière, si je ne tire pas profit des eaux, je
ne suis pas tenu de contribuer aux charges de l'Etat;
mais si je les répands sur mon fonds, ou si je les amène
en en élevant le niveau sous la roue de mon usine, les
eaux dont je profite, n'acquitteront-elles pas largement
leur part contributive des charges de l'Etat en faisant
d'une terre un jardin, d'un mauvais pâturage un pré
de 1re classe, ou bien en mettant en mouvement la roue
de mon usine dont l'impôt n'aura pas d'autre base que
l'importance de son roulement.

Autrement, comment pourrait-on asseoir l'impôt; se-
rait-il juste que la partie de rivière non exploitée ou qui
ne pourrait l'être qu'à grands frais payât autant que
celle qui rend d'immenses services à l'agriculture et à

l'industrie ; pourrait-on classer les rivières comme on classe les fonds.

Ce que nous disons de l'impôt, nous le disons de la valeur vénale de la propriété. Je n'achète pas la rivière à tant l'are comme j'achète le fonds qu'elle baigne, mais j'augmente dans mes calculs d'acquisition la valeur du fonds du profit que je retirerai des cours d'eau, et un ruisseau sous ce rapport est souvent pour moi plus précieux qu'une grande rivière, à cause de la facilité que je puis avoir d'utiliser ses eaux.

Mais quand j'aurai acheté à grands frais un fonds dont l'irrigation constitue toute la valeur, ou une usine qui sans eau ne marcherait pas, n'est-il pas évident que si l'administration dispose de l'eau, elle dispose par le fait de la valeur de mon pré ou de mon usine, et encore en disposera-t-elle bien? pas toujours, car il est à craindre, comme le disait l'Empereur dans la séance du conseil d'Etat du 8 avril 1809 : « Qu'un ministre ou même « un préfet adoptât sans examen les procès-verbaux d'un « ingénieur passionné ou haineux. (Locré, t. IX p. 181.)»

Or, quand l'art. 1 de la loi du 6 octobre 1791 déclare que le territoire de la France est libre dans toute son étendue, c'est-à-dire ne peut pas avoir deux maîtres, et lorsque le Code Napoléon dispose des rivières non navigables au chapitre des droits d'accession, reconnaissant par là qu'ils sont un accessoire ou dépendance des fonds riverains, ne devons-nous pas dénoncer à la sagesse de l'Empereur et à l'indignation publique cette condition ruineuse de non indemnité que l'administration impose dans tous les règlements qu'elle fait sur ces cours d'eau, contrairement au dernier paragraphe de l'ar-

ticle que nous venons de citer qui dit : « que la pro-
» priété territoriale ne peut être sujette envers la nation
» qu'au sacrifice que peut exiger le bien général *sous la*
» *condition d'une juste et préalable indemnité.* » et au mépris de l'art. 4 de la même loi qui, comme nous
allons le voir, permet aux riverains d'user des eaux en
vertu du *droit commun* et non pas d'une autorisation administrative.

### COMMENTAIRE DE L'ARTICLE 4 QUI CONSACRE LE DROIT DE PROPRIÉTÉ DES RIVERAINS.

8. — Toutefois dans son ardeur d'affranchissement
de la propriété, l'Assemblée législative allait trop loin :

« NUL NE PEUT, dit l'article 4 de la loi que nous commentons,
« SE PRÉTENDRE PROPRIÉTAIRE EXCLUSIF DES EAUX D'UN FLEUVE OU D'UNE
« RIVIÈRE NAVIGABLE OU FLOTTABLE. EN CONSÉQUENCE, TOUT PROPRIÉTAIRE
« PEUT, EN VERTU DU DROIT COMMUN, Y FAIRE DES PRISES D'EAU
« SANS NÉANMOINS EN DÉTOURNER LE COURS D'UNE MANIÈRE NUISIBLE AU BIEN
« GÉNÉRAL ET À LA NAVIGATION ÉTABLIE. »

Qu'est-ce à dire que l'Assemblée législative reconnaissait les riverains propriétaires de tous les cours d'eau
sans exception, ne réservant à l'Etat d'autre droit que
celui d'intervenir dans l'intérêt de la navigation établie.

Mais ne comprend-on pas tout de suite que, dans l'or-
ganisation actuelle du droit de propriété, on ne saurait
admettre que les riverains puissent faire sur des rivières
navigables des prises d'eau en vertu du *Droit Commun*,
c'est-à-dire d'un droit qui attribuerait aux tribunaux civils la connaissance des contestations auxquelles peut
donner lieu l'emploi des eaux utiles à un service public.

L'arrêté du directoire du 19 ventôse an VI, en con-

damnant cette disposition du Code rural, et le Code civil
en ne maintenant pas cette faculté, ont heureusement
fait justice d'une concession impossible qui inspirait
très justement les réflexions suivantes au tribun Gillet,
lorsqu'il soumettait à la sanction du Corps législatif le
chapitre des servitudes et services fonciers:

« Vous trouverez, disait ce législateur, une améliora-
» tion importante en faveur de l'ordre dans l'art. 538. Le
» Code rural de 1791 avait permis à tout propriétaire rive-
» rain de faire des prises d'eau sur les fleuves et rivières
» navigables et flottables, et cela sous ombre que nul ne
» peut s'en prétendre propriétaire exclusif, on ne sentait
» pas assez alors que les choses destinées à l'utilité géné-
» rale ont un véritable maître qui exclut toute occupa-
» tion individuelle et privée, et ce propriétaire est le
» domaine public. Le Code a très sagement pourvu à
» faire respecter désormais un principe que notre an-
» cienne législation avait consacré, et dont la suspension
» momentanée a produit une multitude d'entreprises
» abusives. »

Or, qui ne sera frappé de l'étrange manière dont on
interprète actuellement notre législation. Comment,
c'est en vertu d'une loi contre laquelle elle avait peine
anciennement à défendre ses droits pour la conservation
des voies navigables que l'administration prétend aujour-
d'hui disposer discrétionnairement des eaux qui ne sont
consacrées qu'à des usages privés.

Il y a évidemment dans cette prétention quelque
chose qui heurte le bon sens? Et cet empiètement du
pouvoir administratif sur les droits des riverains qui sont
aujourd'hui réduits par l'art. 538 du Code à leur juste

valeur, ne nous rappelle-t-il pas ce mot de Luther qui
disait : que l'esprit humain est comme un paysan ivre à
cheval, on le redresse d'un côté, et aussitôt il se met à
pencher de l'autre.

Mais n'est-il pas triste de penser que cette réflexion
peut s'appliquer à une chose aussi grave que la législation et que le peuple qui vit à l'ombre de nos lois est
exposé à voir ses intérêts les plus chers remis à chaque
instant en question par un revirement dans l'appréciation de la loi.

Rappelons-nous donc les réflexions suivantes em-
preintes d'un grand sens moral que le comte d'Argout
adressait en 1842 à la Chambre des pairs. « Je pourrais,
» disait cet orateur, m'appesantir encore sur ce fait,
» qu'alors même que légalement parlant la propriété
» pleine et entière des riverains n'existerait pas, ce se-
» rait froisser l'opinion publique qui regarde comme
» propriétaires ceux qui possèdent des établissements
» hydrauliques? C'est donc une atteinte à la propriété
» de venir établir des clauses (celle de non indemnité
» en cas d'expropriation pour cause d'utilité publique)
» qui remettent en question des propriétés qu'on croyait
» stables. C'est un sentiment qu'il faut profondément res-
» pecter. Alors même que le droit serait douteux, mieux
» vaut cent fois créer, consolider la propriété là où elle
» n'existe pas, que de l'attaquer là où elle existe réelle-
» ment. (*Moniteur* du 12 juin 1852). »

Eh bien, ce droit de propriété, non-seulement l'Assemblée législative le respectait, mais même elle l'éten-
dait beaucoup trop loin, et il n'est pas sans intérêt de
faire comprendre d'où venait son erreur.

On peut voir dans le chap. II de l'ouvrage d'où ce commentaire est tiré l'opinion d'Henrion de Pansey et d'autres auteurs qui expliquent pourquoi, avant la Révolution, le seigneur conservait le domaine de supériorité des rivières rendues navigables au moyen de travaux d'art, le roi ne s'attribuant, lors de l'établissement de la navigation, que les pouvoirs nécessaires pour organiser et protéger ce service public. Or, la propriété territoriale ayant été délivrée de la tutelle des seigneur, l'Assemblée législative crut assez faire, pour les intérêts de la navigation, d'établir à l'égard du droit de propriété des riverains la même réserve qui existait anciennement à l'égard du domaine direct ou de supériorité des fiefs.

Mais cette réserve était insuffisante, car il est facile de voir par les explications fournies dans le même chapitre que le pouvoir des seigneurs était aussi utile au développement de la navigation que les intérêts des riverains lui sont contraires. D'où il résulte que là où ce service public était établi au moment de l'abolition des droits féodaux, ce fut l'État qui fut appelé à recueillir l'héritage de la féodalité. Mais il va sans dire que cet héritage ne se composait que des eaux dont les seigneurs n'avaient pas encore disposé conformément aux lois du temps. La propriété devant désormais être libre, c'est-à-dire n'avoir qu'un maître, la même raison qui fait que les riverains durent être affranchis du pouvoir de supériorité des seigneurs, sur les cours d'eau non navigables, fait que les droits de l'État ne durent pas être embarrassés dans les exigences du droit de propriété sur les rivières consacrées à un service public.

L'Assemblée législative outrepassait donc ses pouvoirs

dans les dispositions de l'art. 4 de la loi que nous commentons. Mais nous le répétons, comment admettre que le législateur qui, par cet article 4, dépouille l'État au profit des riverains sur les rivières du domaine public, ait eu l'absurde pensée, sur celles qui ne servent qu'à des usages privés, de dépouiller les riverains au profit de l'État, que disons-nous, l'État n'y gagne rien, mais au profit de l'administration.

« Je sais bien, dit Championnière (*De la propriété des* » *eaux*, p. 8), qu'il existe des considérations d'intérêt, » non pour la société, mais pour l'administration des » ponts et chaussées, qui disposerait bien plus à son aise » et plus despotiquement encore des bénéfices de l'eau » courante si on en reconnaissait la propriété à l'État. »

#### COMMENTAIRE DE L'ARTICLE 9 QUI CONCERNE LES RÈGLEMENTS D'EAU POUR CAUSE DE SALUBRITÉ PUBLIQUE.

9. — Bien que les règlements pour cause de salubrité publique doivent toujours être pris en la forme des règlements d'administration générale, ce qui fait qu'il serait peut-être plus conforme au plan de cet ouvrage (1), de n'examiner leur mode d'application que dans les chapitres qui traitent des règlements de cette nature, nous avons cru néanmoins ne pas devoir scinder les prescriptions de la loi du 6 octobre 1791, pour qu'elle pût être jugée et appréciée dans son ensemble.

Or, ce n'est point à l'administration, mais aux conseils des communes que cette loi confie le soin de veiller sur la salubrité publique. « *Les officiers municipaux*, dit

(1) Ceci s'entend de l'ouvrage d'où ce commentaire est tiré.

» l'art. 9, *veilleront à la salubrité des campagnes.* » Mais
comme un conseil municipal ne peut pas faire de règlement, ce n'est que par voie de délibération, et pour dénoncer le fait à l'autorité supérieure que la loi réclame
son concours.

Pourquoi donc tant de précautions? est-ce que
cette loi ne pouvait pas donner à l'administration
le pouvoir d'agir d'office, ou sur la plainte des habitants,
ou sur la dénonciation du maire? non, car du moment
où elle autorisait, par son art. 4, les riverains à faire
dans les rivières navigables, et à plus forte raison dans
celles qui ne le sont pas, des prises d'eau, *en vertu du*
*droit commun,* reconnaissant par là que l'eau courante
est une propriété privée, elle devait donner à cette propriété toutes les garanties qui lui sont dues, et la protéger contre les illusions et les erreurs si faciles des agents
de l'administration. C'est pour cela que le concours des
hommes appelés à délibérer sur les intérêts publics de
la localité est nécessaire pour donner dans ce cas-là, aux
mesures repressives de l'administration, un caractère
d'intérêt général.

Sans doute, le maire est bien chargé de veiller sur les
intérêts généraux de la localité, mais la loi a sagement
décidé qu'il ne pourrait pas seul amener devant le jury
de l'administration ceux qu'il suppose porter atteinte
à la chose publique, la loi n'a pas voulu que sur l'opinion d'un homme on pût en traduire un autre à la
barre du tribunal chargé de défendre les intérêts généraux de la société.

Il est vrai que l'insalubrité peut atteindre de grandes
proportions, mais aussi elle peut n'être qu'un fait isolé.

Si par exemple un riverain ne porte préjudice qu'à son voisin, n'est-il pas complètement inutile que l'administration soit saisie d'une plainte à laquelle les tribunaux civils peuvent parfaitement faire droit, car ceux-ci sont chargés de réparer les torts et dommages de toute nature qui peuvent résulter entre particuliers du fait de leurs entreprises.

Aujourd'hui, toutes les fois qu'une question d'insalubrité est portée devant les tribunaux, ceux-ci se récusent et renvoient les parties devant l'administration; mais c'est là un tort et le résultat d'une fausse interprétation de la loi, car ils oublient que l'emploi des eaux n'est point compris dans le tableau des industries et entreprises gênantes ou insalubres qui réclament une permission de l'autorité administrative, et restent soumises à sa surveillance spéciale. « Aucune loi dit M. Troplong (De la » prescription, t. 1, p. 232,) nedonne au gouvernement » le droit d'autoriser la création des usines sur les cours » d'eau non navigables ni flottables, et l'usage contraire » qui s'est établi n'est qu'un abus, un débris de l'esprit » envahisseur de l'administration impériale. » Mais si cette administration fut envahissante, on sait les énergiques efforts de son illustre chef pour la maintenir dans les limites du droit.

Toujours est-il qu'en l'état actuel de la législation des cours d'eau non navigables, l'autorité administrative ne peut procéder à un règlement d'administration publique qu'en vertu d'une délibération du Conseil municipal. Mais quand le Conseil d'une commune et des ingénieurs auront jugé dans leur sagesse que les entreprises d'un riverain nuisent à la salubrité d'un pays, l'administration centrale pourra-t-elle prononcer en parfaite connaissance de cause? pas encore, car ni les officiers municipaux, ni les agents de l'administration ne sont à même d'apprécier convenablement une question d'hygiène, il fallait encore une garantie que la propriété trouve dans la loi du 11 septembre 1792.

« Lorsque les étangs, dit cette loi, *d'après les avis et* » *procès-verbaux des gens de l'art*, pourront occasionner » par la stagnation de leurs eaux des maladies épidé- » miques ou épizootiques, ou que par leur position ils » seront sujets à des inondations qui envahissent et ra- » vagent les propriétés inférieures, les Conseils généraux » des départements sont autorisés à en ordonner la des- » truction, *sur la demande formelle* des Conseils généraux » des communes et d'après les avis des administrateurs » du district. »

La loi, à la vérité, ne parle que des étangs, mais c'est qu'encore il est vrai de dire que les eaux stagnantes peuvent seules offrir un danger sérieux pour la santé publique. Ce n'est sur les faibles cours d'eau que lorsque le bief d'une usine forme un large réservoir ou étang, et sur les rivières plus importantes que lorsque des parties de terrain se trouvent en contre-bas de la retenue et qu'une certaine quantité d'eau n'a plus d'issue quand la rivière rentre dans son lit, que l'intervention de l'autorité administrative est nécessaire. Or les eaux d'inondation qui ont un écoulement naturel dans le lit de la rivière peuvent nuire aux récoltes, donner lieu à des dommages intérêts, mais non compromettre la santé publique, parce que l'écoulement des eaux ne peut jamais être qu'une question d'heures ou de jours.

Il va sans dire qu'on n'a pas à s'occuper des inondations exceptionnelles qu'aucun travail d'art ne saurait
prévenir.

## CARACTÈRE ESSENTIELLEMENT PROVISOIRE DU RÈGLEMENT FAIT EN VERTU DES ARTICLES 15 ET 16 DE LA LOI DE 1791.

10. — Nous avons dit, en commentant la loi de
1790, combien il était dangereux de détacher des lois
qui doivent toujours être vues et examinées dans leur
ensemble, des phrases et des articles qui, pris isolément,
n'ont pas toujours la signification que le législateur a
voulu leur donner.

Cet inconvénient se présente d'une manière frappante
dans le commentaire des articles 15 et 16 de la loi de
1791. En effet, ces articles sont ainsi conçus :

« Art. 15. Personne ne pourra inonder l'héritage de
» son voisin, ni lui transmettre les eaux d'une manière
» nuisible, sous peine de payer le dommage et une
» amende qui ne pourra excéder la somme du dédom-
» magement.

« Art. 16. Les propriétaires des moulins construits ou
» à construire seront garants de tous dommages que les
» eaux pourront causer aux chemins ou aux propriétés
» voisines, par la trop grande élévation du déversoir, ou
» autrement ils seront forcés de tenir les eaux à une
» hauteur qui ne nuise à personne et qui sera fixée par
» le directoire du département (aujourd'hui le préfet). »

C'est en vertu de ces dispositions que l'administration
se considère comme seule compétente, 1° pour détermi-

ner la hauteur et la forme des ouvrages hydrauliques ;
2° pour donner à ces ouvrages une existence légale.

Mais avant d'admettre cette double prétention, il faut
savoir quel est le point de départ du règlement ; s'il a pour
but d'octroyer aux riverains des droits d'usage sur une
chose non susceptible d'occupation privée, ou s'il doit
simplement faciliter l'application des règles du droit
commun.

Mais on ne saurait concevoir aucun doute à cet égard,
puisque c'est en vertu du droit commun et non d'une
autorisation administrative que l'art. 4 de la loi permet
aux riverains de faire des prises d'eau dans les rivières
navigables, et à plus forte raison dans celles qui ne le
sont pas.

D'ailleurs, si on s'en tient aux termes des articles 15
et 16 de la loi, le préfet n'est chargé de fixer la hauteur
des eaux que dans le but d'empêcher un riverain de
transmettre les eaux d'un manière nuisible à ses voisins.
Mais alors la détermination de la hauteur à laquelle les
eaux peuvent être tendues, se complique nécessairement
d'une question de droit, parce qu'il peut arriver d'après
les règles du droit commun que l'inondation soit une
chose parfaitement licite.

S'il était par exemple à ma convenance, pour obtenir
une force motrice plus considérable, d'inonder une
prairie éloignée de toute habitation ne pouvant par conséquent devenir une cause d'insalubrité, et par là porter atteinte à la société, et si cette inondation n'avait
lieu que sur mes terres ou sur celles de mes voisins avec
leur consentement, dirait-on que je commets une con-
travention, que je transmets les eaux d'une manière

nuisible; les tribunaux pourraient-ils me condamner à des dommages-intérêts? non évidemment.

Mais s'il s'élevait des contestations sur le mérite ou la valeur des conventions ou droits acquis, à quelle auto- rité faudrait-il avoir recours? à coup sûr, ce ne serait pas à l'administration, car la loi de 1791, qui étend même au-delà des limites raisonnables le droit de propriété des riverains, ne la charge pas du soin de trancher ces diffi- cultés, et par le fait elle ne le pourrait pas, parce que ce sont là des questions d'intérêt privé qui sont exclusive- ment du ressort des tribunaux.

D'ailleurs, on sait que dans l'état actuel de la juris- prudence l'autorité judiciaire peut prononcer des con- damnations de dommages-intérêts et à l'amende contre tout propriétaire qui jouirait en conformité, nous ne di- sons pas de son droit, mais d'un règlement qui serait en- core, malgré les calculs des ingénieurs, nuisible aux riverains, car le règlement qui n'est qu'une présomption et non une garantie d'innocuité ne constitue pas le droit. Or, remarquez bien que l'autorité judiciaire seule compé- tente pour appliquer la peine l'est encore pour apprécier le dégat.

Et cependant si le repère administratif établissait le droit, les tribunaux seraient tenus de respecter toute jouissance qui serait conforme à cette indication et de déclarer qu'elle ne peut donner lieu à aucun dommage- intérêt.

Mais s'il n'en est point ainsi, si surtout, comme nous le démontrerons, tout le mode de jouissance des eaux peut s'organiser par les règles du droit commun, quelle valeur peut donc avoir le règlement d'eau en présence d'une décision judiciaire qui déclare qu'il est nuisible et que le riverain restera passible des dommages et de l'amende tant qu'il subsistera?

Il est évident que si ce règlement devait être maintenu, il ne remplirait pas le but de la loi de 1791, qui est d'une part d'empêcher que les riverains n'aient à souffrir des entreprises d'un usinier, et de l'autre d'éviter à celui-ci la responsabilité du mal qu'il peut leur causer. Donc si on veut que cette mesure administrative soit conforme à l'esprit de la loi, il faut de toute nécessité qu'elle reste subordonnée aux décisions judiciaires.

Mais qu'est-ce qu'un règlement que l'autorité judiciaire, que les parties elles-mêmes peuvent modifier? Ce n'est pas une concession, ce n'est pas une permission, et c'est encore bien moins un règlement d'administration publique, car les règlements de cette nature sont exécutoires nonobstant tout titre, toute convention privée. Mais c'est peut-être l'œuvre la plus utile qui puisse être entreprise dans l'intérêt des riverains, c'est un règlement provisoire dans lequel l'administration, remplissant à la fois une mission de conseil et de conciliation, peut d'abord aider les riverains des données de la science dans l'établissement des travaux d'art en lit de rivière; puis en cas de contestations, amener par un règlement de conciliation la solution des difficultés auxquelles peut donner lieu l'emploi des eaux.

Or, si l'ingénieur est habile, son intervention suffira dans presque toutes les circonstances; c'est-à-dire que son opération, qui doit être simplifiée autant que possible, aura l'avantage de suppléer aux formalités à la fois si longues et si coûteuses du règlement particulier que l'autorité judiciaire seule peut faire en vertu de l'art. 645 du Code Napoléon.

S'agissant uniquement, dans le cas des articles 15 et 16, de l'intérêt des propriétés riveraines, comment l'administration ne s'est-elle pas aperçue qu'avec le peu de moyens que la loi met à sa disposition, puisqu'elle ne peut entendre les intéressés sous la foi du serment, ni faire reconnaître un ancien état de lieux, ni même prendre en considération les titres privés que les tribunaux seuls sont à même d'apprécier utilement, il ne lui était pas possible de s'ériger en tribunal d'exception, de trancher des questions de droit.

Le règlement prescrit par les lois de 1790 et 1791 doit donc être fait *salvo jure alieno et salvo jure publico*, sous la double réserve des droits privés et des exigences de l'intérêt général; d'où il résulte que cette mesure peut être réformée ou par les tribunaux agissant dans un intérêt privé ou par l'autorité administrative elle-même, si ce règlement qu'elle n'a pu faire que sur de simples renseignements, et par conséquent sous toutes réserves, porte atteinte à l'ordre social. Mais alors cette autorité ne doit pas oublier que, pour donner à la propriété toutes les garanties qui lui sont dues, elle doit se conformer scrupuleusement aux formalités voulues par la loi et rapportées dans le commentaire de l'article 9.

Nous ne parlons pas ici des règlements d'administration publique qui ont pour but le redressement ou l'élargissement des rivières, ainsi que la création de voies navigables, parce que l'art. 1er de la loi que nous commentons, réserve une indemnité aux riverains que de semblables mesures peuvent atteindre.

DIFFÉRENCE ENTRE LES TERMES DE LA LOI DE 1791 ET CEUX EMPLOYÉS DANS LE CAS OU LA LOI VEUT QUE LE GOUVERNEMENT INTERVIENNE PAR VOIE DE RÈGLEMENT D'ADMINISTRATION PUBLIQUE.

11. — Avant le décret de décentralisation de 1852, un règlement d'eau n'était exécutoire qu'en vertu d'une ordonnance ou décret, et cela parce que l'art. 1er de la loi du 20 août 1790 défendait aux administrations de département de faire des règlements. Partons donc de ce principe, qu'avant le décret dont nous parlons les actes du préfet ne pouvaient jamais avoir un caractère de règlement d'administration publique. Aussi les lois qui stipulent dans un intérêt général, c'est-à-dire qui réclament l'intervention du gouvernement par voie de règlement d'administration publique, ne chargent-elles le préfet que de faire de simples propositions

Ainsi par exemple la loi du 14 floréal an XI sur le curage des rivières non navigables est ainsi conçue :

« Il y sera pourvu (au curage) par le gouvernement » dans un *règlement d'administration publique* rendu *sur* » *la proposition du préfet.* »

D'où vient donc alors que la loi de 1791 n'est pas conçue dans les mêmes termes :

« Ils (les propriétaires) dit cette loi, seront forcés de » tenir les eaux à une hauteur qui ne nuise à personne » et qui sera fixée par le directoire du département (au- » jourd'hui le préfet). »

La raison de la différence qui existe dans le texte de ces deux lois est facile à saisir. Les mesures relatives au

curage ne touchent en rien au droit de propriété, elles
ne font qu'organiser un mode de conservation de la propriété, un règlement d'administration publique pouvait
dès lors être pris sans crainte de froisser les droits de
personne, mais il n'en est point ainsi du règlement qui
a pour but de déterminer la hauteur des eaux, parce
que cette hauteur est dans le commerce jusqu'au point
d'inondation qui devient un danger pour la chose publique, jusqu'au point par exemple où on a à craindre
l'insalubrité du pays.

Dès lors, le gouvernement qui prend des mesures relatives au curage, n'a pas besoin de réserver les droits des
tiers qu'il ne saurait atteindre, s'il se borne comme il doit
le faire à ordonner un curage à vieux bord et à vif fond,
tandis que dans le règlement du niveau des eaux la réserve
des droits des riverains est indispensable, et en effet
tous les règlements administratifs comportent cette réserve.

Mais réserver les droits des riverains, qu'est-ce autre
chose que soumettre le règlement lui-même aux conve-
nances des parties, ou aux décisions de l'autorité judiciaire. On comprend que cette réserve serait absurde si
l'administration avait à intervenir dans un but d'intérêt
général, parce qu'un règlement d'administration publique est, en raison de la nature des objets confiés à sa
garde, exécutoire nonobstant tout titre, toute convention
privés.

Eh bien! tel est pourtant l'état actuel de la jurisprudence administrative qu'elle donne à tous ses règlements
d'eau la forme et la valeur d'un règlement d'administration publique, et réserve malgré cela les droits des

tiers. Or, comment ne s'aperçoit-on pas de la mons-
trueuse anomalie qui résulte de cette composition. L'administration peut-elle donc oublier que si les tribunaux
n'ont pas le droit de modifier l'état de choses qu'elle
établit par voie de règlement général, ils n'ont pas le
droit non plus de faire allouer une indemnité à la partie lésée par celui ou ceux à qui profite le règlement,
parce que l'expropriation pour cause d'utilité privée
n'est pas admise en droit, c'est-à-dire que de particulier
à particulier le droit de propriété ne peut jamais se ré-
soudre en un droit à une indemnité.

Le règlement d'eau est, comme nous l'avons déjà
dit, considéré en justice comme un fait du prince dont
personne ne doit garantie.

Nous citons, dans le chapitre VII de l'ouvrage d'où
ce commentaire est tiré, un exemple qui démontre ce
qu'il advient de la réserve des droits des tiers au moyen
de laquelle l'administration pense sauvegarder les intérêts de la propriété, mais qui n'est au fond qu'un déni
de justice.

Enfin, la commission du projet de code rural nous
fournit un dernier argument en faveur de cette opinion,
que la loi de 1791 ne charge point l'administration
d'intervenir d'une manière discrétionnaire dans les
règlements auxquels peut donner lieu l'emploi des eaux
courantes non navigables.

Que signifierait, par exemple, l'application d'un règlement d'administration publique dans le cas suivant
dont parle M. le rapporteur de cette commission.

« Une opération d'une importance extrême pour les
» champs limitrophes, dit-il, c'est la fixation de la hau-

» teur de la décharge d'un étang, puisqu'aux termes de
» l'art. 838 du Code Napoléon, le propriétaire de l'é-
» tang l'est aussi du terrain que l'eau couvre quand elle
» est à cette hauteur. La fixation doit être faite par le
» préfet. »

Jusqu'ici aucune loi ne faisait intervenir l'administration pour déterminer la hauteur d'eau des étangs,
cependant on comprend qu'en raison de la difficulté de
l'opération la commission du projet de code rural ait eu la
bonne pensée de confier cette mission délicate aux
ingénieurs.

Mais, parce que l'intervention de l'administration est
utile sous le rapport de l'art, faudra-t-il en conclure que
sa décision doit être souveraine et que les tribunaux
n'ont pas à s'immiscer dans cet acte où nous ne voyons
cependant qu'une question de droit commun et de
convenance particulière.

Cette supposition n'est pas admissible. Dès lors si la
loi dit simplement : La hauteur de la décharge des étangs
sera fixée par le préfet, il n'y aura aucune raison d'en
conclure que cet administrateur doit procéder par voie
de règlement d'administration publique.

Quand la loi veut que le gouvernement use de ce
moyen, elle le dit; nous venons de le voir, par les termes dont elle se sert à propos du curage des rivières
non navigables. Aussi si la loi de 1791 dit simplement
que les propriétaires tiendront les eaux à une hauteur
qui sera fixée par le préfet, il n'y a aucun motif de supposer qu'à une époque où les règlements d'administration publique ne pouvaient émaner que de l'autorité
centrale, le législateur ait eu l'intention de donner aux

préfets une mission autre que celle que le gouvernement leur laissait dans les règlements d'eau avant le décret de décentralisation, c'est-à-dire le soin de proposer les mesures à prendre.

C'est donc le gouvernement qui a usurpé une autorité qu'aucune loi ne lui a confiée; et la première faute ainsi que la source de tous les conflits, de toutes les contradictions, de toutes les erreurs qui signalent les décisions administratives et judiciaires rendues depuis près d'un demi siècle en matière de cours d'eau, c'est d'avoir compromis l'autorité du souverain dans les règlements d'eau provisoires, d'où il est résulté qu'on leur a attribué une portée qu'ils ne sauraient avoir, car une ordonnance ou décret, d'après les principes de la séparation des pouvoirs, ne peut jamais être à la merci d'une décision judiciaire.

# DIFFÉRENCE

Entre la jurisprudence qui a suivi la promulgation des
lois de 1790 et 1791 et la jurisprudence actuelle.

———

COMMENTAIRE DES LOIS DE 1790 ET 1791 PAR L'ARRÊTÉ .
DU DIRECTOIRE DU 19 VENTOSE AN VI.

12. — Pour démontrer combien la jurisprudence
a fait fausse route et s'est égarée dans cette large voie
de l'arbitraire, dans laquelle elle s'est depuis longtemps engagée nous allons encore opposer aux fausses
notions que l'administration possède aujourd'hui sur
les lois de 1790 et 1791 le commentaire qu'en donne
l'arrêté du 19 ventose an VI, qui est encore empreint
de l'esprit dans lequel elles ont été conçues.

« Considérant, dit cet arrêté, qu'au mépris des lois
» ci-dessus (celles de 1789, 1790 et 1791), les rivières
» navigables et flottables, les canaux d'irrigation et de
» dessèchement, tant publics que privés, sont, dans la
» plupart des départements de la République, obstrués

» par des batardeaux, écluses, gonds, pertuis, murs,
» chaussées, etc. »

Puis, établissant une distinction entre les rivières
navigables ainsi que les bras non navigables de ces
rivières qui sont également une dépendance du
domaine public, et qu'il comprend sous la dénomination de canaux d'irrigation et de desséchements généraux par opposition aux cours d'eau non navigables
qu'il appelle canaux d'irrigation et de desséchements
privés ou particuliers, l'arrêté continue :

« Art. 9. Il est enjoint aux administrations centrales
» et municipales de veiller avec la plus sévère exacti-
» tude à ce qu'il ne soit établi par la suite aucun pont,
» aucune chaussée permanente et mobile, aucune
» écluse ou usine dans les rivières navigables ou flot-
» tables, dans les canaux d'irrigation et de dessèche-
» ments généraux, sans en avoir préalablement obtenu
» la permission de l'autorité centrale. »

Puis, abandonnant, ce qu'il est important de remarquer, à la propriété privée le soin de ses intérêts, l'arrêté dit encore :

« Art. 11. Les propriétaires des canaux de dessè-
» chement ou d'irrigation particuliers ayant à cet
» égard les mêmes droits que la nation, il leur est
» réservé de se pourvoir en *justice réglée* pour obtenir
» la démolition de toutes usines, écluses, batardeaux,
» pêcheries, gonds, chaussées, plantations d'arbres,
» filets dormants ou à mailles ferrées, réservoirs,
» engins, lavoirs, abreuvoirs, prises d'eau, et géné-
» ralement de toute construction nuisible au libre cours
» de l'eau et non fondée en droit. »

Enfin l'art. 12 est ainsi conçu : « Il est défendu aux
» administrations municipales de consentir à aucun
» établissement de ce genre dans les canaux de dessé-
» chement, d'irrigation ou de navigation appartenant
» aux communes, sans l'autorisation formelle et préa-
» lable des administrations centrales. »

Que l'autorisation du Gouvernement fût nécessaire
pour l'établissement des usines sur les cours d'eau navigables et sur les bras non navigables de ces cours d'eau
compris comme eux dans le domaine public, cela se
conçoit ; que la même autorisation fût nécessaire pour
l'établissement des usines dans les parties de rivière
appartenant aux communes, parce qu'elles se trouvent
dans un état de minorité qui ne leur permet pas d'ad-
ministrer leurs propriétés, cela est encore conforme
aux principes de nos institutions, mais loin qu'il y ait
omission à l'égard des propriétés situées sur les cours
d'eau non navigables qu'on désigne sous la dénomination non équivoque de canaux privés ou particuliers,
peut-il y avoir une stipulation plus précise de les soustraire au pouvoir discrétionnaire de l'administration
pour les laisser soumis aux règles du droit commun,
puisqu'on excepte de la formalité d'autorisation les
ouvrages et les travaux d'art compris dans l'art. 11
précité.

Néanmoins nous avons à combattre ici l'opinion de
M. Cotelle, qui, pour voir un droit en faveur de l'administration, abusant de termes inusités de nos jours,
fait les réflexions suivantes qui prouvent qu'il n'a pas
approfondi le sens de cette instruction :

« M. Daviel paraît mettre quelque importance à éta-

» blir que l'arrêté du Directoire exécutif du 19 ven-
» tose an VI n'exigeait d'autorisation pour établir une
» usine sur un cours d'eau que relativement aux ri-
» vières navigables et flottables. On a déjà combattu
» l'opinion de cet élégant écrivain sur cette assertion,
» en lui objectant l'art. 9 de l'arrêté, qui s'occupe
» non-seulement des rivières navigables et flottables,
» mais encore des canaux d'irrigation et de dessèche-
» ments généraux. Or cette dénomination ne peut
» signifier que les petites rivières, par opposition aux
» rivières navigables et flottables. »

Mais M. Cotelle ne remarque pas qu'à côté des
canaux d'irrigation et de dessèchements généraux il
est question de canaux privés ou particuliers, et que,
si l'arrêté du 19 ventose emploie des termes inusités
de nos jours, c'est uniquement par respect pour le
droit de propriété des riverains et pour mieux faire
comprendre qu'en droit une rivière non navigable perd
même ce nom trop générique pour mieux s'identifier
avec les propriétés riveraines dont elle fait partie. Dira-
t-on qu'il s'agit de canaux creusés de main d'homme?
Non évidemment, car ceux-ci l'arrêté les appelle *canaux artificiels* (voir l'art. 13).

D'ailleurs, si les bras non navigables des rivières
consacrées à la navigation doivent être assimilés à ces
rivières elles-mêmes, ainsi que le reconnaissait déjà
en 1694 un arrêt du Conseil, et ainsi que l'ont con-
firmé des arrêts du 11 février 1834 et du 18 mai 1846,
par la raison, dit M. Dufour, qu'il importe de ne pas
laisser appauvrir le lit principal du cours d'eau, et
puisqu'en définitive les eaux de ces bras non navi-

gables sont gardées en réserve pour un service public, pouvait-on leur donner une dénomination plus juste que celle de canaux généraux.

Du reste, on ne peut comprendre sous la dénomination de canaux généraux que les bras de rivière qui se détachent un moment du cours principal pour y rentrer après un parcours plus ou moins long. Celui qui s'en détacherait tout-à-fait rentrerait, comme le fait fort bien observer M. Dufour, dans la catégorie des rivières non navigables, et le Gouvernement n'aurait aucun droit de suite sur ses eaux.

Mais, s'il fallait aussi comprendre sous le nom de canaux généraux les petites rivières ou ruisseaux qui n'ont plus la même destination générale et à qui par conséquent la dénomination de canaux privés ou particuliers convient infiniment mieux, où M. Colette placerait-il les usines, écluses, batardeaux, pêcheries, gonds, chaussées, plantations et toutes les constructions nuisibles au libre cours de l'eau compris en l'art. 11 et dont l'administration n'a pas à s'occuper.

Enfin, si le même arrêté ajoute que les propriétaires des canaux d'irrigation et de dessèchements particuliers peuvent se pourvoir *en justice réglée* parce qu'ils ont les mêmes droits que la nation, n'est-on pas forcé de reconnaître que les riverains restent chargés du soin de leurs intérêts, et que l'autorité administrative ne doit intervenir que quand elle en est requise, et seulement par voie de conseil ou de conciliation puisque, sans autorisation préalable, les riverains peuvent se pourvoir en justice réglée, c'est-à-dire devant les tribunaux.

Encore si l'opinion de M. Colette était celle d'un
auteur sans renom, nous attacherions moins d'importance à les combattre, mais n'oublions pas qu'avocat
distingué et professeur de droit administratif à l'Ecole
des ponts et chaussées depuis plus de vingt ans, son
opinion ne contribue pas peu à entretenir les errements
d'un système qui ne peut se soutenir qu'à l'aide d'une
fausse interprétation des textes de lois existants.

## COMMENTAIRE DES LOIS DE 1790 et 1791,
### PAR L'ADMINISTRATION.

**13.** — Mais, pendant que l'arrêté du Directoire
du 19 ventose an VI décide qu'en vertu des lois
de 1790 et 1791 les riverains des cours d'eau non
navigables doivent se pourvoir *en justice réglée*,
c'est-à-dire devant les tribunaux civils, voyons le
parti que l'administration tire des mêmes lois. Nous
avons sous les yeux une lettre du directeur général
des ponts et chaussées du 11 mai 1829, qui est à
cet égard un document instructif.

Plusieurs propriétaires d'usines du département de
la Vendée ayant réclamé contre la clause de non-in-
demnité en cas de dépossession pour cause d'utilité
publique que l'administration a l'habitude d'insérer
dans ses actes d'autorisation, le directeur général
écrivait au préfet :

« Pour juger du mérite de ces réclamations, il faut
» se reporter aux principes qui régissent la matière.
» Si donc on se reporte aux actes du Gouvernement,

» on voit que, par la loi du 22 décembre 1789, les
» administrations de départements sont chargées de
» veiller à la conservation des rivières et autres choses
» communes. Les mêmes administrations sont chargées
» par une loi du 20 août 1790, de diriger, autant
» qu'il sera possible, toutes les eaux du territoire vers
» un but d'utilité générale. »

Puis, après avoir reproduit le texte de la loi de 1791,
le directeur général ajoutait :

» Si donc le Gouvernement est le conservateur des
» eaux courantes et le dispensateur du mode de jouis-
» sance de ces eaux, conformément aux lois précitées
» et à l'article 714 du Code civil, il est évident qu'il a
» le droit d'imposer telle condition, qu'il juge à propos
» dans l'intérêt public, à celui qu'il autorise à changer
» le régime habituel d'une rivière pour retirer de cette
» innovation un avantage particulier. »

Est-il possible, nous le demandons, de pousser plus
loin l'abus du raisonnement : « Si donc, dit d'abord
» le directeur général, le Gouvernement est le conser-
» vateur des eaux *courantes*...., etc. : pourquoi se servir
de cette dernière expression qui est beaucoup trop élas-
tique, et que nous ne trouvons pas dans la loi? Car
le Gouvernement n'est le conservateur des eaux courantes qu'autant qu'elles servent à un usage commun,
et la loi du 22 décembre 1789 ne concerne nullement
celles qui ne sont consacrées qu'à des usages privés.

Ensuite, parce que la loi du 20 août 1790 charge
les administrations *d'indiquer* la meilleure direction à
donner aux eaux, et que la loi de 1791, après avoir
permis (art. 4) aux riverains d'user de ces eaux en

vertu du droit commun, charge le préfet d'en déterminer
la hauteur, ce qu'il ne peut plus faire alors que comme
conseil des parties intéressées, on vient dire qu'il est
le dispensateur du mode de jouissance des eaux non
navigables.

Puis qu'invoque-t-on encore? L'art. 714, qui n'existait pas dans la première rédaction du Code et qui n'y a
été ajouté que sur certaines observations de la Cour de
Paris qui n'ont pas trait à l'usage des eaux. Et c'est sur
des données aussi légères que l'administration dispose
de la fortune des particuliers, car s'établir le dispensateur des eaux c'est s'arroger le droit de donner à
Pierre ce qui appartient à Paul.

Or le Code Napoléon ne fait pas dépendre le droit
d'occupation des eaux de l'inspiration bonne ou mauvaise d'un ingénieur, mais de la disposition des lieux :
puisqu'au lieu de ranger, comme une chose non susceptible d'occupation privée, les cours d'eau qui ne
sont pas navigables parmi les dépendances du domaine
public, il établit la manière d'en jouir au chapitre des
servitudes qui dérivent de la situation des lieux, suivant la maxime du droit romain : *Qui potior loco, potior
jure.*

Mais, si nous voulons arriver aux plus fâcheuses con-
séquences de la doctrine que nous combattons, suivons
le directeur général dans son raisonnement.

« J'ajoute au surplus, dit ce haut fonctionnaire, que
» la clause qui donne lieu à ces réclamations ne porte
» éventuellement que sur les établissements de nouvelle
» création; et que, s'il s'agissait d'une usine ancienne
» à laquelle des augmentations ou améliorations quel-

» conques auraient été faites, l'article de l'ordonnance
» concernant les réserves faites dans l'intérêt général
» est rédigé de manière à ne faire porter l'obligation
» que sur les augmentations ou améliorations..., etc. »

Qu'est-ce à dire? que les lois que nous venons de commenter donnent à l'administration plus de pouvoir sur les eaux courantes non domaniales que la féodalité n'en donnait aux seigneurs sur les mêmes eaux? Comment l'administration grèverait les propriétaires d'un territoire libre de conditions plus onéreuses que celles imposées autrefois aux vassaux dont les propriétés étaient banales, c'est à-dire soumises au ban ou domaine de supériorité du seigneur?

On le voit, il y a dans la marche rétrograde du système que nous combattons quelque chose qui heurte le bon sens et *perpetuo clamat*, proteste incessamment contre les atteintes portées aux institutions d'un peuple libre.

# TABLE DES MATIÈRES

SOUS PRESSE

Pour paraître incessamment

## DE LA CONDITION DES EAUX COURANTES

DEPUIS L'ABOLITION DU RÉGIME FÉODAL,

### 2 vol. in-8°

COURS COMPLET DE LA LÉGISLATION DES COURS D'EAU
NAVIGABLES ET NON NAVIGABLES.

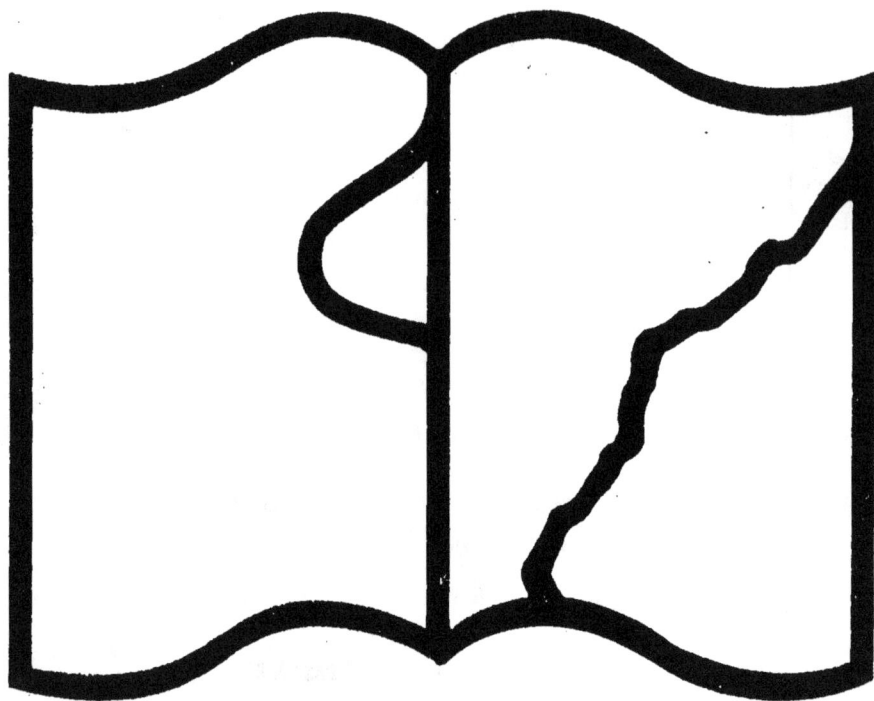

Texte détérioré — reliure défectueuse

**NF Z 43-**120-11

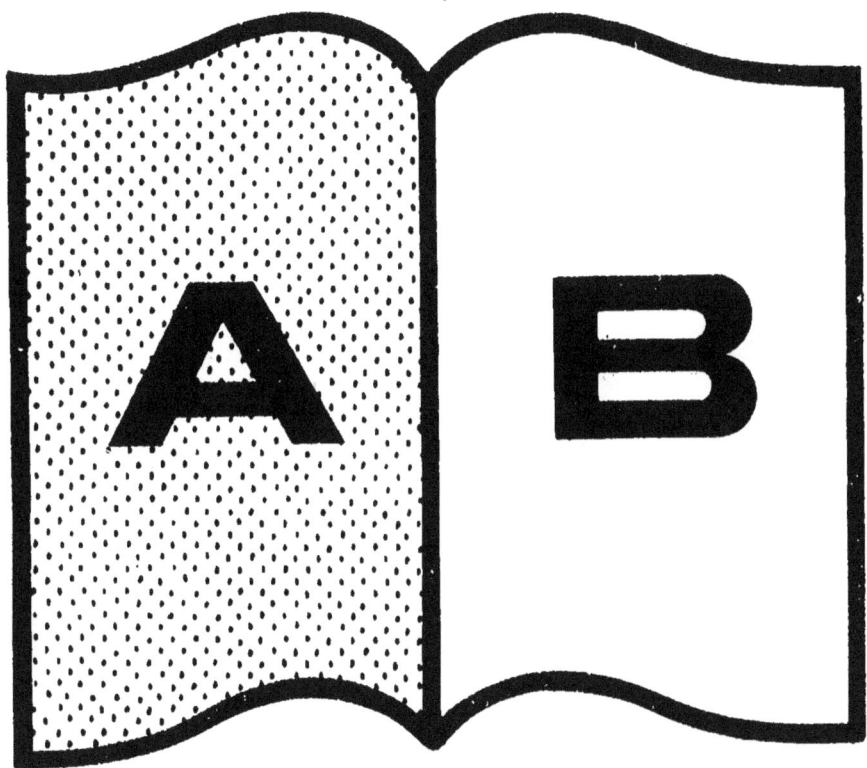

Contraste insuffisant

**NF Z 43**-120-14

www.ingramcontent.com/pod-product-compliance
Lightning Source LLC
Chambersburg PA
CBHW050620210326
41521CB00008B/1325